学級経営が

聞き上手な
クラスの
つくり方

✧ 松尾英明 著 ✧

学陽書房

はじめに

　この本は「子どもが話を聞かない」「学級が落ち着かない」と悩む先生方に向けて書いたものです。

　学級で、こんなことはないでしょうか。
　・学級内がいつもざわざわしていて落ち着かない
　・何かと小さなトラブルが多い
　・一生懸命話しているのに、子どもが話を聞いてくれない
　・「静かに！」と声を張り上げるのはもう嫌だ
　・静かに聞かせようとするあまり、つい怒ってしまい、子どもが萎縮
　　してしまった……
　どれも、子どものためを思って、切実に努力して、真剣に指導したうえでの結果だと思います。なぜそう言えるのかといえば、私自身、若い頃からそのような思いで指導してきたにも関わらず、同じような悩みをもって苦しんだ一人だったからです。
　一体、何が間違っているのでしょう。
　真面目に、情熱をもって、誠実に指導すれば、子どもたちは生き生きと目を輝かせて聞いてくれるはずなのに……。

　クラスが落ち着かないのは、教師の心がけの問題ではありません。知識や技術の問題であることがほとんどなのです。ちょっとした指導のコツを知っているだけでも、クラスの雰囲気は大きく変わります。

　この本には、子どもが主体的に話を聞けるようになるための方策や事例を数多く盛り込んであります。どれも私自身の実践をくぐらせ、実感したことを基にして書いています。みなさんが実践される場合は、目の前の子どもに合わせて、ご自身なりのアレンジをして使っていただけると幸いです。

さて、子どもが主体的に話を聞くことができる学級に育ってくると、次のようなよい変化が起きます。

- クラスが安定する
- 困ったことがあると、友達同士で助け合うようになる
- 発表が苦手な子どもが、少しずつ発言するようになる
- 話し合い活動が活発になり、新しくやりたいことのアイデアがどんどん出るようになる

　つまり、子どもの本来もっている力が存分に発揮されるようになります。本書を読み進めると、「聞く力」がすべてであることがおわかりいただけるかと思います。

　なお、本書の構成は次のような特徴をもっています。

- 具体的な指導例をイラスト付きで紹介
- 「立ち歩きが多い子」など、よくある困った場面別の対応例がわかる
- 絵本の読み聞かせや、聞くためのゲームなど、子どもが進んで聞くようになるアプローチ例を紹介

　特に若い先生が取り入れやすく、指導の引き出しが増えるように具体的なフレーズまで考えて作ってあります。例えば、

- 騒がしい時こそ「小声」で話す
- 「全員」ではなくまずは「聞いてくれる子」に向けて話す
- 「先生の話は聞いていないことがあってもいい」

などです。

　具体例が多いというのは、そのまま試して取り入れやすいというよい面があります。

　まずは目次を見て、お好きなページから読み進めてみてください。

2023 年 7 月吉日

松尾英明

1章

どんな先生でも、どんなクラスでも！
聞き上手なクラスを育てる方法！

2章

子どもが自然と聞くようになる！
ちょっとした指導のコツ

3章

どの子も夢中で引き込まれる！
楽しみながらできる
聞く力トレーニング

4章

ざわつきはじめたクラスに効く！
困った場面ではこうしよう

5章

保護者や同僚とうまくいく！
教師が「聞く力」をつけるには？

1章

どんな先生でも、どんなクラスでも！

聞き上手なクラスを
育てる方法！

1 子どもの「聞く力」が クラスづくりの 明暗を分ける!

なぜ「聞く力」が大切なのか

　学校では、子どもが話を聞く場面がたくさんあります。教師の指示や説明を聞いたり、友達の考えを聞いたりすること抜きにして、小学校での学びは成り立ちません。「学力の根本は聞く力」[※1] と表現されるように、「聞く力」こそがすべての学力の根本です。

　もし、これらのことができない子どもが集まると、クラスはどのような状態になるでしょうか。**教師や友達の話を聞けなくなっている状態、これは端的に言うと、学級崩壊**です。

　学級崩壊とまではいかなくても、「子どもが常にソワソワして落ち着かない」「子ども同士の小さなトラブルが絶えない」といったクラスを見ていると、騒いでいても問題ないという状態を普段から教師が作ってしまっているということがよくあります。

　「聞くべき時は聞く」ということを、子ども集団が教室で過ごすうえでの基本姿勢にしていく必要があります。

まずは教師の話を聞くことができるようにしよう

　聞く力の指導では、まずは教師の話を聞ける状態を目指しましょう。

　教師と子どもとのつながりを縦糸、子ども同士のつながりを横糸で表現した、**「縦糸・横糸理論」**[※2] を紹介します。この理論では、学級づ

くりを縦糸と横糸を紡いで織物を作っていく過程に例えています。

　学級には、成長段階があります。例えば学級開きのような最初の頃は、何も糸がない状態です。**まずは、教師と子どもとの関係性である縦糸を紡いでいくところを中心に行っていきます。**つまり「聞く力」の指導についても、まずは教師の話が聞けるという状態を目指します。

対話的学びにつなげていく

　教師の話を聞く姿勢ができて、第一段階はクリアです。実はこれだけでも、一斉指導のみの知識伝達型授業ならば成立します。知識の伝達であれば、「教師－子ども」という関係性だけでも学べるからです。しかしこれでは、家で一人で動画を見て学んでいるのと大して変わりません。

　せっかく教室に集まって学びに来ているのですから、教師から子ども、あるいは子どもから教師という一方向だけでなく、子ども同士のやりとりあふれるダイナミックな学びにしていきたいところです。

　学習指導要領では、「対話的学び」が大切だと明記されています。授業はもちろん、学校生活のあらゆる場面で必要な力です。

　ここで重要なのが、話すこと以前に聞くことができないと、そもそも対話など成り立たないということです。例えば4人のグループで話す時、話している時間1に対し、聞いている時間は3になります。聞く時間の方が圧倒的に長いのです。

　また、聞くという行為は、相手への理解であるとも言えます。つまり、一生懸命に全身で聞いてくれる相手が目の前にいれば、話し手は自分を受け容れてくれていると感じ話しやすくなります。話を聞く力を高めていくよう指導すれば、話す力も必ず後からついてきます。

※1：野口芳宏『心に刻む日めくり言葉　教師が伸びるための野口芳宏師道』さくら社、2011年。
※2：野中信行・横藤雅人『必ずクラスがまとまる教師の成功術！』学陽書房、2011年。

2 指導の基本① 話を聞くことの メリットを実感させよう

「先生の話をもっと聞きたい！」と思わせるには

　皆さんは、どんな場合に相手の話を聞こうと思いますか。「聞いていないと怒られるから聞く」という状況もあるかもしれませんが、あまり理想的とは言えません。

　一方、「聞かないと自分が困ることになるから聞く」というのは、自ら必要性を感じている状態です。あるいは「好きな人の話だから進んで聞く」、「いつも面白い話をする人だから楽しみに聞く」という理想的な状況もあり得ます。

　学級においても、子どもが前向きに話を聞ける状態が理想です。「先生の話を聞く必要がある」あるいは「先生の話は聞く価値がある」と思ってもらうことが大事です。

真面目に聞いている子どもに損をさせない

　教師がわかりづらい話や聞いていなくても問題ないような話ばかりをしていれば、子どもは自然と聞かなくなります。つまりは、「真面目に聞かない方がメリットがある」ということを学習させてしまうことにつながるのです。子どもは賢いので、すぐに学びます。

　具体的には、次のような行動をしていないかチェックしましょう。これらのポイントに気をつけるだけで、集中して話を聞く子どもの割合が

ぐんと増えます。

1 教師の話の途中に割り込んできた子の質問に即答してしまう
2 教師の話の途中でおしゃべりしている子を注意してしまう
3 全体の場で話したことも直後に質問されたら答えてしまう
4 話の途中に「あー」や「えー」などの口癖が多い
5 丁寧すぎて、5秒で終わる話が1分かかる

①〜③は、真面目に聞いている子どもが集中力を切られ、損をします。④や⑤は、話が長いので理解するのに苦痛を伴います。つまり、真面目に聞いている子どもがやはり損をします。代わりに、ほとんど真面目に聞かずに③をやる子どもが得をします。その繰り返しから子ども集団が何を学習するかは、ご想像の通りです。

「短くずばりと大事なことを言う」で、話を聞くようになる

「短くずばりと大事なことを言う」ように意識しましょう。ついつい、親切心から詳しく話そうとしてしまったり、親しみやすいようにやたら丁寧に話そうとしてしまったりしがちですが、完全に逆効果です。

× 丁寧すぎる指示の例
「あのね、次の体育の時間は、縄跳びを使いますからね。皆さん、忘れずに持っていきましょうね。わかりましたか？」
※これを続けられると、話を聞こうという気すらなくなっていく！
◎ 大事なことだけを伝える指示の例
「次の時間の持ち物。縄跳び。」

普段から「短くずばりと言う」を心がけるだけで、子どもの聞く姿勢が大きく変わります。意識していきましょう。

指導の基本②
「静かにしなさい!」の押しつけをやめよう

「静かに話を聞きましょう」を禁句にする

　「静かに話を聞きましょう」と言ってから、始まる話。もうこの時点で、この先にはあまり期待ができません。最初から静かに聞くことを強制されているからです。子どもが自発的に聞くのとはほど遠い状態です。

　理想は、注意など一切なく、自然と話が聞ける状態。誰かが話し始めたら、あるいは話し始めそうだと思った時点で、学級の多数から真剣な眼差しが向けられる状態です。ちなみに「全員」である必要はありません。大多数がこうなれば、健全な学級の状態としては十分です。

　まずは「静かに話を聞きましょう」と言わないことから始めます。

真面目に聞こうとしている人に向けて最優先で話す

　「静かに」も「聞きましょう」も使えないという前提に立ち、何ができるでしょうか。細かいテクニックはいろいろありますが、ここでは一番大事な、教師が持っておきたい基本の心構えについて述べます。

　まず、いつも落ち着いたトーンで、静かに話し始めることを基本とします。大声を出さないと言い換えてもいいです。

　さらに、聞く構えができている子どもに向けて話し始めることを前提とします。聞いていない子どものことは待ちません。すると「聞きたい」と思っている子どもたちが、そういう雰囲気を作ってくれるので、話し

やすくなります。最初は少数でもいいので、聞く構えができている子ども
たちに話すことから始めれば、徐々に多数になります。

先生の話は聞いていなくても、仲間の話は聞くべし

　教師が話し出したら自然と聞けるような状態になってきたら、学級の
「聞く」レベルを次の段階へ進めます。次のように話します。

　「先生の話は、聞いていないことがあってもいいです」

　それを聞きざわつく子どもたちになぜでしょうか、と問いかけます。

　その答えは「先生の話は、一日に嫌というほど聞く機会があるから」
です。そして聞き逃したとしても「周りの人に聞けばわかるから」です。

　一方で、**「クラスの仲間の発言中は、何がなんでも聞くこと」**とも教
えます。なぜならば「その人は、今日一日の中で、その時しか話さない
かもしれない」からです。特に高学年にもなると、一部のよく発言する
子どもを除いて、ほとんどの子どもは進んで話そうとしません。だから
こそ、その子どもが喋る貴重な瞬間には、全力で聞く必要があります。

　同時に教えることは、声の小さな仲間の発言に対する伝え方です。

　それが「もう一度、少し大きな声でお願いします」という言葉です。

　それも「聞こえない！」ではなく「○○さんの意見を聞きたいので」
と付け加えることを教えます。

　この言葉が子どもたちの間で出るようになるには、直接教えるより先
に、教師自身が普段からそれを実行している必要があります。

　教師主導で授業を進めている場面で、声の小さな子どもを指名して発
言を求めることがあります。その時に、「ごめんね、一生懸命に聞いて
いるのだけれども、どうしても聞こえなくて。○○さんの意見が聞きた
いので、もう一度お願いします」と伝えます。

　何とか発言できた後は、さらにフォローとしての指導を入れます。**「よ
く聞こえた！よい意見をありがとう。話してくれた○○さんと同じくら
い、一生懸命聞いていたみんなもありがとう」**。これで、一気に仲間の
話は真剣に聞こうという雰囲気・気風ができます。

指導の基本③
教師自身が聞く姿勢を
大事にしよう

まずは教師が徹底的に「聞く」姿勢から

　話が聞けるということの重要性は、学級経営のしやすさや授業のしやすさなどの都合に留まりません。話が聞けることは、集団におけるすべてのベースと言っても過言ではありません。この章の冒頭にも述べましたが、学級崩壊が常に誰の話も聞けない状態だとすれば、常に誰の話をも聞こうとする状態は、学級としての理想であると言えます。

　教師の側には、往々にして「カウンセリングマインド」が求められます。特に**子どもの不満や悩みを聞くような個別の対応の際には、どんな言い分に対しても、まずは聞くという姿勢**が大事です。「こうしよう」という指導的態度とはまた別に必要な姿勢です。これがないと、一方的な押しつけになり、反発を招きます。まずは教師が徹底的に「聞く」姿勢を見せること。思いやりのある学級づくりもここからです。

意見は、人格

　「意見は、人格。」

　これは、上越教育大学教職大学院教授の赤坂真二先生の教職員対象のセミナーで私が聞いた印象的な言葉です。

　つまり、意見をその人そのものと捉えるということ。そうすると、簡単に否定することはできなくなります。

これが、学級における前向きな対話において重要な心構えになります。友達の話を批判的にではなく、肯定的に聞くことを基本とする。なぜなら「意見は人格」だからです。仲間を否定していいはずがないのです。

　この言葉を意識するだけで、多くのことが変わります。授業中や休み時間、教師が子どもの話を聞く時にも必要な心構えです。子どもたちにもこの考えが浸透すると、誰の話も真剣に聞き、互いを思いやろうとする雰囲気へと変わっていきます。

素直に聞くという心構えと「幼さ」

　素直に話を聞ける子どもは、伸びます。私の尊敬する、素晴らしい学級経営を行うベテランの先生は、毎年子どもたちに「素直さが何より一番大切」と教えていました。以来、私もそう教えています。

　ところで、「素直」とはどういうことでしょうか。「明鏡国語事典」には「性格や態度にひねくれたところがなく、人の言動などを逆らわないで受け入れるさま」とあります。

　つまり、教えや忠告、人の意見を、まずは受け入れ実行していく態度です。聞いたことを、いちいち評価したり批判したりしないということです。それが実際に正しいかどうかの判断は脇に置いておき、まず意見を飲み込んで聞いてみる。判断は、必要な時にすればいいのです。

　この「素直に聞く」という姿勢が集団にできてくると、子どもたちがよい意味で「幼く」見えるようになります。特に高学年では顕著です。なぜかというと、何でも素直に聞く姿勢ができると、学んでいる中で些細なことに感動したり、仲間に起きたいいことを一緒に喜んだりするようになるからです。「すごーい！」や「へえ〜！」、そして「ありがとう！」といった言葉が溢れるようになります。その素直で自然な反応が、傍から見て、幼いように見えるのです。とてもよい傾向です。

　子どもは、もともと互いを思いやる力をもっています。だからこそ、友達に「よかったね」「だいじょうぶ？」と言えるのです。「聞く」ができる集団には、それができます。

「先生、それじゃダメよ!」

　私がまだ初任から3年目程度の、若かりし頃の話です。
　体育主任だった私は、校内放送で話す機会がよくありました。「今日は雨ですから、グラウンドに出るのは控えましょう」といった日常的な話から「〇〇大会の成績について発表します」といったものまで、とにかく校内放送をする機会が多かったのです。

　そんなある日、大ベテランの女性の先生に、ダメ出しをされます。
　「松尾先生、それじゃダメよ!　早口すぎるし、特に放送の場合はもっとはっきり喋らないと。子どもたちは聞き取れないわよ」
　一生懸命やっていたし、何ならちょっと慣れてきて「上手いかも」と勘違いすらしていた私は「そうだったのか……」と結構なショックを受けました。しかし、これは断言できますが、その時に反発心はまったくありませんでした。言われて初めてそのことを知り、「その通り」だと思ったからです。

　それまで、私の放送に誰も注意・指導をしてくれた人はいませんでした。多分、みんなちょっと「聞き取りづらいな……」と思いつつも、言い出しにくかったのでしょう。体育主任で忙しそうにしていましたし、妙に自信ありげでエネルギッシュな若者にはなかなか指導をしづらかったのかもしれません。

　誤りをずばりと指摘してくれる人がいるというのは、ありがたいことです。子どもへの指導も同じです。聞くことへの指導についても、本人がそれを誤りと自覚できてこそ、改善をしていけるのです。
　間違いを嫌がる子どもも多いですが、間違いこそが成長の種だと気づけるように指導していきたいものです。

2章

子どもが自然と聞くようになる！

ちょっとした
指導のコツ

1 「話は聞いた方が得」と 実感させよう

話を聞くことのメリットを実感させよう

　基本的に人はメリットで動くという視点をもつことが大切です。聞いた方が得と認識していれば、子どもは自然と聞くようになります。

　そのための最初のステップが、**教師の話はなるべく聞いたら得なもの、聞かないと損をするもの**にすることです。

　理想は、喋る量を減らして必要な話だけをすることですが、これはなかなか難しいことです。

　子どもが自然と聞くようにするには、聞いたら得をする、という体験を子どもに多く積ませることです。

　例えば、**ちょっとした小話を用意する**という方法があります。聞いていて面白い、興味がもてると思えるものであれば、子どもは聞きます。

　また、**本やゲームなどの媒体を通して聞かせる**という手があります。聞きたい、あるいは教師の声が聞こえないことが逆にストレスになるような状況です。つまり、積極的な聞く姿勢をつくるための手法です。

　この具体的な方法を知りたい方は、先に3章を読んでいただいて構いません。この2章では、聞く力をつけるためのコツを紹介していきます。

聞く必要のない音を聞かせないようにしよう

　先の話を逆に言えば、**教師がどうでもいい話、つまらない話、わかり**

づらい話、聞いていなくても問題ない話ばかりをしていれば、子どもは**自然と聞かなくなります**。聞かない方がメリットが大きいということを学習させてしまうからです。

とにかく、余計な音はなるべく聞かせないことが大切です。

例えば、全員のいる場で、特定の一人に用があって話しかけることがあります。「Ａさん、連絡帳を提出してください」と言う声は、Ａさんにだけ届けばいいもので、他の子どもは聞く必要がまったくありません。

この場合の問題点を挙げるとしたら、全員が聞かなくていいことを、全員に聞こえるように話している点です。本来は教師がＡさんの近くまで行って、個別に声をかけるべきところです。レストランでウェイターを呼ぶ時と同様、大声で叫ぶのはあまり品がよい行為とは言えません。気づいてもらうようなジェスチャーを見せるか、気づかないようなら自分が席を立って近づいて話せば事は済みます。関係のない周りの人が聞く必要はありません。

つまりは、話す側にとっての自己都合的なニーズがあって話すという場合、相手は聞かなくていいという状況があり得るということです。

自分に関係のないどうでもよい音がよく聞こえる環境だと、本当に必要な音が入ってこなくなります。個別に話せばよいことを周りに聞かせないことが大切です。

教師の「聞かせたい」と子どもの「聞きたい」は違う

教師が大切だ、聞かせたいと考えていても、子どもはまったくそう思っていないこともあります。

例えば、教える側が「テストに出るからよく聞いてほしい」と思っていても、子どもの方にはそんな願いはないことが多々あります。それは、自分の商品を無理矢理売ろうとしている下手なセールスマンのようなものです。熱心に話せば話すほど、子どもにとっては迷惑なだけです。

では、具体的にどのように指導していけばいいのか、次の項から見ていきましょう。

2 「ちゃんと話を聞きなさい」 では伝わらない

「ちゃんと聞く」ってどういうこと?

　「ちゃんと聞きましょう」とは教室でよく使ってしまいがちな言葉です。しかしながら「ちゃんと」とはどういう状態を指すのでしょうか?読み進める前に、書き出してみてください。

　……できましたか?

　恐らく「姿勢を正して聞く」とか「一生懸命聞く」とか「おへそを向ける」など、いろいろな要素が出てくるのではないでしょうか。

　子どもは「ちゃんと聞く」がどういうことかわかりません。**「ちゃんと」や「きちんと」のように、曖昧な言葉は子どもへの説明に用いないのが原則**です。

子どもが聞かないのは本来当たり前

　そもそも「先生の話は聞くもの」という認識が子どもにはありません。だからこそ「聞かない」という前提でまずは話すことが大切です。

　子どもの自然な姿を想像してみてください。それは、じっと動かずに黙って大人の話を聞いている姿でしょうか?……そんなはずはありませんね。子どもの自然な姿とは、あっちこっち動き回って、いろいろなことに興味をもち、「あれは何」「これは何」と近くの大人にそれはもううるさいぐらいに尋ねまくる状態です。学校で「きちんと」「ちゃんと」

している姿は、言うなれば子どもにとって「不自然」な状態なのです。

　教育とは「自然のままにしておかないこと」なので、ある程度仕方がない面はあります。しかし、話をする側は、子どもが黙って聞いているとは、そのような無理をさせている状態なのだという自覚が必要です。

「話を聞けている」とはどのような状態か

　ところで、「話を聞けている」とは、どのような状態を指すのでしょうか？

　聞く力を「体」「頭」「心」の三つに分けて考えてみます。

　「聞く体」は、相手の方を見ている、頷く、姿勢を正すなど、話している人にとって聞いているなと伝わるような外面的な身体表現です。

　「聞く頭」は、相手の話を理解しながら聞く、または自分の頭で考えながら聞くという、内面的かつ知的活動です。

　「聞く心」は、気持ちを向けているということです。集中していると言い換えてもいいでしょう。内面的かつ心的活動です。

　このように並べると、「聞く体」以外は、内面のことであり、指導が大変難しいということがわかります。

　傍から見ていても、本当に集中しているのか、理解してるのかという内面まではわかりません。ですから、子どもに指導できるいわゆる「ちゃんと聞く」とは、以下のような「聞く体」の表現についてのみなのです。

- ・話している人の方を向く
- ・話している人の目を見る
- ・そうだと思ったら頷く
- ・分からないなあと思ったら首を傾ける

　さらに大原則として**「黙って聞く」**ということがあります。自分が喋りながらでは、聞けないからです。

　このくらい具体的に噛み砕いて、やっと子どもは理解します。「ちゃんと聞く」などという曖昧な言葉は使わずに、子どもがわかるような言葉で教え導くことが大切です。

3 聞き方のルールは 「一つだけ」に絞る

誰しも自分が一番大切

　大原則として「**自分が大切にされたいなら人を大切にしないといけない**」ということを教えます。つまり、自分の話を聞いてもらいたいなら、人の話を真剣に聞くことです。

　これは、意外にも教えないと、子どもたちは知りません。

　では、どのように教えていけばいいのでしょうか。先の話を直接子どもたちに語っても、なかなか腑に落ちないでしょう。

　そこで、このことをたった一つの「ルール」として子どもに教えていきます。

「聞き方」のたった一つのルール

　先の原則にしたがって、聞き方のルールを一つだけに絞ります。

　それは、

人が話しているときは黙って聞く

という一点です。

　「これだけ？」と思うかもしれませんが、これだけです。ただ、この一つが、なかなかの難関なのです。たった一つのこのルールさえ浸透す

れば、後は大丈夫。一点集中で指導していきましょう。

「聞く」は最高の他者尊重

　話を聞くことは最高の他者尊重であり、さらにそれは集団において自分自身を大切にするということにもつながります。

　これは、話を黙って聞けない子どもを考えればわかります。**人の話を黙って聞けない子どもというのは、実は誰よりも自分の話を聞いてもらいたい子ども**です。

　ではこの子どもが話を一生懸命聞いてもらえるようになるには、どうしたらいいのでしょうか。

　それは「人の話を一生懸命に聞くこと」です。誰よりも自分が聞いてほしいのだから、それを聞いてくれる他の人が話している時にも同じように振る舞うしかないというのは、子どもにもわかる原理です。

　「みんな、誰よりも自分が大切なのです。自分の話を聞いてほしい。とても自然なことですよね。では、この教室では、あなたの話を一体誰が聞いてくれるのでしょう？　そうです、あなたの周りにいる人たちです。ですから、あなたの話を聞いてもらうために、あなたも周りの人を大切にして話を聞けば、みんなから大切にされて、幸せになりますね」

　このように穏やかに語り、子どもが心の底から何がよくて何が悪いのか、わかるようにしておきます。叱ったり脅したりする必要など微塵もありません。

聞けない子どもは不安の塊

　「自分が、自分が」という思いを強く持っている子どもは自信がありません。不安だから人が話してる時まで自分が喋ろうとするのです。しかし自分を大切にしてほしいなら周りの人を大切にするしかない。この人間関係の大原則を、黙って聞くという行為によって教えることができます。

4 まずは「静かな状態」を確認する

「静か」を作ろう

「静か」とはいかなる状態なのでしょうか。これを子どもたちに体験させておかないことには、静かにすることもできません。

4月のはじめの頃、クラスが少し騒がしくなってきたタイミングで、次のように語ります。

> ○○の音を聞いてみよう。

○○に入るのは、風の音でも虫の声でも、遠くを走る車の音でも、耳をすませば微かに聞こえるものならば、何でも構いません。

静かになったら、次のような声を投げかけます。

「少しこのまま、30秒間、黙って聞いてみようか。いくよ」

これで、「静か」が体感できます。「静かって気持ちいいね」「落ち着くね」と、静かな状態の価値を共有できれば、成功です。

「静かにしなさい！」をまずやめよう

「静かにしなさい！」は、教師（あるいは母親）のいかにも言いそうな台詞です。実際に教室でこの台詞を発するとどうなるかというと、余計に騒がしくなります。その理由は、子どもたちが声を被せてくるうえ

に、子ども複数対教師一人では、多勢に無勢だからです。勝ち目はゼロです。

　まず、この「静かにしなさい！」を言わないと決めるところから、静かな状態の教室づくりはスタートします。

小さな声でも聞こえる安全・安心な環境を作ろう

　発表の声が小さな子どもたちは、クラスに一定数います。しかし、たとえ小さな声でも、聞こえる環境を作れば、それもまったく問題にはなりません。

　先の項でも述べた通り、大原則は**「仲間の発表中は全員が黙って聞く」**という姿勢をとり、全力で聞くことです。

　これがあると、何が変わるかというと、安心感です。自分を尊重されているということも伝わります。互いがそうなります。

　安全・安心こそが挑戦のベースです。それなくして、声の小さな子どもが大きな声で発表できるようになることなど考えられないのです。声の小さな子どもを指導するよりも、まず環境づくりを優先します。

　実際、声が小さい子どもが普通に聞こえる程度の声量になるのは、発達も考慮してかなり時間がかかると思って、ゆったり待つ必要があります。

発表に挑戦させるのも、静かな環境作りから

　大人でも、人前で自分の考えを発表するのが大の苦手という人は多いのですから、発表が苦手な子どもがいるのは当たり前です。つまりは、経験が大切です。

　その経験を積むためにも、どういう場であるかが大切です。ぎすぎすした、危険な空気の場では、緊張して発表に挑戦などできるはずもないのです。

　子どもに大きな声や積極的な発表を求める前に、教室は静かで安全・安心だという認識がもてるような雰囲気を醸成していきましょう。

5 聞き方の型は 体験させることで 子どもに気づかせる

聞き方を教えるときのステップ

芸事のステップは「守破離」で表されます。

「守」は、守る。基本の型をきっちり身につける段階です。

「破」は、破る。基本の型は完璧で、あえて少し変える段階です。

「離」は、離れる。自分なりの新しい型を生み出す段階です。

聞き方のステップも、まずは「守」、つまり基本の型を身につけるところからはじまります。

相手の発言に対して、どう反応していいかわからない子どもも多く、教えないとできないという子どももいます。そこで、聞き方の「守」にあたる基本の型を指導する方法を紹介します。

反応の型は「あ〜」「へぇ〜」「なるほど〜」の3つでOK

これは私が以前受けたある講座（講師は大阪の金大竜先生）で教わった手法です。次の三つの言葉を板書します。

「あ〜」 「へぇ〜」 「なるほど〜」

前に立っている教師がこの三つのうちの一つを指したら、子どもたちは一斉にその言葉を言います。まず、これだけを何回か練習します。

「反応」の練習をしてみよう

　何回か練習したら、代表で一人の子どもに前に出てもらい、何か適当なスピーチをしてもらいます。

　その子どもが何か言うたびに、教師がそのうちの一つを指します。そこにクラス全員で一斉に反応するのです。例えば、次のようなやりとりになります。

> 「私の趣味は○○です」
> ☞ 「へぇ〜」
> 「○○なところが好きです」
> ☞ 「なるほど〜」
> 「○○もいいです」
> ☞ 「あ〜」

　こんな具合です。ちょっとしたゲーム感覚で楽しみます。すべてが肯定的な反応なので、スピーチしている子どもも、話しやすいのです。

実際のクラスの活動でも「型」を使ってみる

　今度はこれを、実際の学級会でやってみます。例えば、お楽しみ会のアイデアを出すという場面です。前に先の型の言葉を掲示しておき、適当と思われるタイミングで反応します。こうすることで、いつも以上に意見が活発に出ます。

　いつまでも型のままではいけませんが、反応の一つの練習であることを伝えて実施します。

　ステップを踏むことで、確実に聞き方の「型」が身につきます。

6 聞き方の型は教えても 押しつけない

「型」は最初に教えるだけ

　聞き方の型については、最初に教えるだけで、後は押しつけないということを意識しましょう。

　本当によい聞き方は、互いに聞き合う中で自然と身につくもの。教えられるのは「守破離」の「守」の段階のみです。型にとらわれすぎないステップアップを目指していきます。

　先に挙げた型を教える前に、**型のよさを実感させるためのちょっとしたコツがあります。それは、型の正反対にある「ダメな例」を体感・実感させることです。**

　まず、顔をそむける、手いたずらをするなど、わざと聞いていないように見える状態をつくって、話を聞いてもらえない悲しさを疑似体験させてみます。子どもたちに感想を尋ねてみると「なんだか嫌な気持ちになる」といったような言葉が出てきます。

　その後で、顔をみる、うなずく、全身で聞く、声を出して反応するといったスキルを教えて体験させることで、それらのよさを実感できます。

　子どもたちは本当に「よい」と思ったら、使うようになります。そこから先は、子どもたち自身の選択になります。型を使いこなせるようになるまでは時間がかかりますが、長い目で見守っていきましょう。

「型」にこだわりすぎない

　聞き方の型は使いこなすものであって、縛られるものでは決してありません。どのような「型」でも共通して言えることですが、ここにこだわりすぎると、逆に本質を外すようになります。

　基本的に、型は多くの場面で通用します。しかし、**状況によっては、型通りに反応するよりも、他の聞き方をした方がいい場面があります。**

　例えば、相手が悲しい気持ちで話している時。やたらと声を出して反応するのは、よくないでしょう。黙って聞いてほしいかもしれません。また、声が小さな子どもが発表している時なども、反応の声にかき消されるようなら、耳を澄ましてじっと聞くのが正解です。

　「顔を見る」も、叱られている時にあまりに真っすぐ見ていると、反省していないように見られることもあります。もしかしたら、頭を垂れてうつむき加減に聞いている方が、相手に反省の気持ちが伝わるかもしれません。

　要は、相手に「真剣に聞いている」と伝わることが、「聞く体」（態度）の表現として本質的なよい聞き方です。

　あくまでも、相手への意識が大切ということを外さないようにしましょう。

一生役立つ「聞く力」を身につけるために

　「聞き方あいうえお」「大きな声で返事をしましょう」などの標語を掲げているクラスがあります。

　そのような型を教えるのは悪いことではありませんが、途中で外していく必要があります。なぜならば、型通りでしかできないという状態は、応用がきかなくなるからです。型は押しつけないけれども地道に何度も指導して、自然と身につけさせてあげましょう。

7 聞かない子が多いときこそ
よい聞き方の子を褒める

子どものよい手本は見逃さずに取り上げ、全体にシェアしよう

　子どもにあらゆるよい習慣を身につけさせるための一番手っ取り早い方法は、手本となる行動を全体に示すことです。それも、同じクラスの仲間がそれをしているというのが、最もよいお手本になります。

　運動技能でもそうですが、ある子どもが何かできると、不思議と他の子どもも次々とそれができるようになります。極端な話、低学年であっても仲間の中に縄跳びで三重跳びができる子どもが一人でも出ると、他の子どももそれができるようになることがあります。それほどまでに、共に学ぶ仲間が与える影響力は絶大です。

　教室では、意図的に「よい聞き方」の子どもを見逃さずに見つけて、取り上げることが大切です。例えば、次のように話します。

　「○○さんの話の聞き方は、いつも本当にいいです。目を見て一生懸命に頷いて聞いている。周りがどんなに騒がしくても、真剣にこちらを向いて、話し始めるのを待ってくれている。話している人に勇気を与える聞き方です。先生も、いつも助けられています」

　そんな話をすると、素直にそれを真似する子どもがいます。それも見逃さず、すかさず褒めます。

「今の話を聞いているうちに、すぐ真似をした人がいますね。素晴らしい。仲間のいいと思ったことは、素直に真似すればいいのです。素直な人は必ず伸びます」

　これで８割方の子どもがさらによくなるので、重ねて褒めます。時間が経てばまた戻ってしまいますが、その数は回数を重ねるごとに確実に増えていきます。

学年と実態に応じて、本当によいものを取り上げる

　実施上の注意点は、学年の違いによる配慮です。低学年のうちはあからさまに取り上げても素直に真似をするのでいいのですが、高学年になると取り上げて褒められることを嫌がる子どもや、やっかむ子どももいないとは限りません。さりげなく褒める、名前を出さずに「とてもいい聞き方の人がいます」といった取り上げ方の方がいいことがあります。実態に応じた取り上げ方をしましょう。

　また、わざとらしく、押しつけがましくならないようにすることも大切です。あくまで本当によいと認めたものだけを取り上げましょう。

欠点を無視し、「美点凝視」の視点をもつ

　「角を矯めて牛を殺す」
という諺があります。もともとの意味は、牛の角が少し曲がっているのを矯正しようとして、無理に叩いたりひっぱったりすると、弱らせて殺してしまうということです。ここから「少しの欠点を直そうとして、その手段が度を過ぎ、かえって物事全体をだめにしてしまう」という意味が派生しています。

　子どものどうでもよい欠点を見ないで、よいところだけを見ましょう。これを「美点凝視」といいます。大原則として、子どもは注目したところだけが伸びます。よいところだけを見てあげるのがコツです。

8 「静かに黙って聞く」 以外の聞き方も教える

TPO に合わせた聞き方ができるように

　人の話は黙って最後まで聞くのが基本です。これは間違いありません。

　しかしながら、よい聞き方というのは状況によって変わります。黙って静かに聞くのがよい時もあれば、お互いにどんどん喋りながら進めていく方がよい場合もあります。

　例えば仲間が目の前でお笑いの発表をやっているのに、真剣な目で笑わずに聞いていたら、場にそぐわない聞き方になります。相手がジョークを言っている時にリアクション一つないようでは、真面目というより単にユーモアのわからない人になってしまいます。

　あくまでも型は使いこなすものであり、とらわれるべきものではありません。今目の前で話している相手を尊重するにはどうするといいのかという、**TPO に合わせた聞き方の視点**をもつことこそが、本質的に大切なポイントです。

「黙って話を聞く」 が前提にあってこそ

　最初の段階「黙って話を聞く」が十分にできるようになったら、徐々に「反応して聞く」という「破」の段階に移りましょう。守破離の「守」の部分が不十分な段階で次に進んでしまうと、途中で混乱が起きて結果的に遠回りになってしまうので、「黙って聞く」が当たり前にできるよ

うになっていることが前提です。

あえてツッコミを入れながら聞くこともある

　反応しながら聞くという段階も、その聞き方を考えると、さらに細かく分かれていきます。

　例えば、**「ツッコミを入れながら聞く」** という聞き方があります。これはお楽しみ会のような場や、くだけた雰囲気で楽しみたい時の聞き方です。少しひねったクイズの正解の発表の時や、目の前でマジックを披露している時に「なんで!?　どうして!?」などと驚きながら反応してくれると、やっている方も気分が乗ってきます。全体でその場の雰囲気に乗って、場を作っていくイメージです。

　また、あえて批判的に聞くという聞き方もあります。これも「ツッコミ」の一種といえます。どんな時に必要かというと、「物事の真偽を見極める」というような場合です。つまり、話している内容に対して、自分の頭で「なぜか」「本当か」「正しいか」を判断するためです。なぜこの聞き方が必要かというと、話している相手が必ずしも正しいことを言うとは限らないからです。

　批判的に聞く練習をさせるのに、とっておきの方法があります。例えば**大事なことを教えたい時に、わざと間違えたり、とぼけたことを言ったりします。子ども方から疑問を引き出します。**

　具体例を出すと、算数の「小数のあまりの出る割り算」の授業で、筆算で「2 ÷ 0.6」の解き方について考えているとします。筆算を書いた後で、教師が「2m のリボンを 0.6m ずつに分けて、あまりは 2m。いいですね？」などと言います。すると、子どもたちから「何か変だ」「おかしい」という声が上がります。

　逆にこういう声が上がらず黙って聞いているようでは、従順だが無思考という状態であり、危険です。

　TPO に合わせた聞き方を子ども自身が身につけるには、頭と心と体のすべてを使いながら聞くという意識を常にもたせることが大切です。

9 大事な話はあえて 「一度」しか言わない

話を真剣に聞くということの土台をつくる

　オンデマンド型の配信サービスが隆盛の今の時代、聞き逃したら再生し直して何度でも聞くことができます。しかし、実際に人の話を聞く場面においては、そうはいきません。相手がはっきりと話しているにもかかわらず、何度も聞き返すのは失礼になります。

　「大事な話は一度しか言わない」 という基本姿勢をとることが大切です。子どもにもそれを理解するよう指導しましょう。そのうえで、音声理解に難があったり、発達に特性があったりする子どもへの対応を加えていけばいいでしょう。

聞き逃した時のステップを教える

　聞いていないときに周りの人を見てリカバーするのも社会で必要な力です。わからない時、聞き逃した時の対処法をステップで教えます。

1　自分でわかる（最高）
2　周りの人を見てわかる（次善の策）
3　周りの人にたずねてわかる（第3の手）
4　先生にたずねてわかる（最終手段）

教師への質問に至るには、①〜③のステップを踏んでからと教えます。「本人が考えれば辿り着けることは、教えない方がいい」「教師に教わるよりも仲間同士で学び合える方が上等」というのが基本の考え方です。

例えば聞くことについてならば、よく聞いていればわかることは、質問しないで自力で聞きとる方へ促します。これは子どもに限らずですが、誰か頼れる人がいると、よく考えずにやたらとすぐに尋ねてしまう傾向があります。その方が、楽だからです。質問する力はもちろん大切ですが、よく考えたうえでする質問でないと、結局は本人にとってもマイナスとなります（ただし例外として、1年生の最初の時期は、ただ単に教師と関わりたいだけなので、その欲求はある程度満たす必要があります）。

また、自分でわからない時には、周りを見て学ぶ、周りに助けを求めるという力をつけるためにも、やたらとこちらから親切に助け船を出さないことです。子ども同士の力で、ほとんどのことが解決できます。

ステップの意味についてもあらかじめ指導しておく

「自力でわかるようなことは質問しない」ということは、4月の段階であらかじめ指導しておきます。その際「すぐ先生に質問する癖がつくと、話を聞かなくなるうえに自分でわかろうとしなくなり、結果的にマイナスになるから」という理由も伝えます。

だからこそ、人が話している時は真剣に聞こうと指導ができます。自分が聞いていなかっただけのことを、全体の進行をしている人に対して思いつくまま質問することは、真剣に聞いていた人の思考と全体の進行を妨げる行為であるという認識をもたせる必要があります。

そう考えると、聞き逃した、あるいは意味が理解できなかった場合、すぐにたずねるのではなく、なるべく見て真似る、という力も大切です。見てわかるのであれば、相手も説明する必要が生じません。

そのうえで、わからないことであれば、お互いに助け合えるということを当たり前にしておくことが大切です。「人」の字が表す助け合いの姿勢も、個々が自分で立とうという真剣な姿勢が前提にあってこそです。

10 子どもが疲れている時は無理に聞かせない

集中力というリソースには限界がある

　どんなときも話を集中して聞く。この状態が理想的ですが、集中力というリソースには限界があります。

　一般的に、集中力は大人で20分程度が限界だと言われています。興味があちこちにいく子どもであれば、恐らく**連続して集中していられるのは10分から15分程度**でしょう。

　つまり、長い話を黙って聞くということは、それ自体がかなりの負荷になります。まして疲れていれば、尚更です。

　話す時にも、子どもたちの状態をよく観察しましょう。子どもたちが明らかに疲れている時は、そのまま話し続けるのではなく、対策が必要です。

「緊張」の合間に「リラックス」を入れていく

　特に授業では「緊張」と「リラックス」のバランスを意識することが集中力を維持させるコツです。ゴムが伸ばしっぱなしだと切れてしまうように、時々緩めてあげる必要があります。

　できれば、**5分から10分に1回程度のリラックスが入る**ことが望ましいでしょうが、無理のない範囲で構いません。それは、笑いであったり、運動であったり、おしゃべりであったりさまざまです。

例えば、全員で音読の場面を入れることで、声を出すという運動によって体がリラックスし、集中力が続きやすくなります。

　また、子どもが話を聞いている最中は「緊張」していると思っているかもしれませんが、そうとは限りません。特に長い話になればぼーっとして聞いている子どもも多く、その場合はむしろリラックス状態です。

　これに対しては、例えば授業中に突然指名をしたり、話を聞かせている途中で子どもに「どう思う？」と話をふったりすることで、子どもは集中力を維持しやすくなります。

　突然「全員、起立！」で立たせる方法もあります。座った姿勢からさっと立つという動きは強めの全身運動になり、瞬間的に血流が増え、ぼーっとしていた脳にも血がいきます。立たせた後は「○か×か決めた人から座ります」などと言って、再び全員を座るように指示します。

　他にも、突然「はい、今のことについて班内でシェアしてください」などと指示を出せば、おしゃべりをすることになるので、これだけでも運動になり頭を使うため、リフレッシュされます。

　どんなことでもいいので、短いリラックスを途中で入れていくことが、集中力を持続させるコツになります。

疲れている時は単純作業に切り替える

　体育の後や６時間目など、クラスが全体的に疲れていて、どうにも集中力が切れてしまう時はどうすればいいのでしょう。

　身体的な疲労などで話が聞けない状態の時は、無理に聞かせようとしないことが大切です。エネルギー切れなので、無理に動かそうとしても無駄です。手を動かす単純作業のような活動を取り入れ、話を黙って聞くような学習は避けるようにしましょう。

　また、極端に暑い時や寒い時なども、集中して話を聞くことはできません。日差しが強かったら木陰に集合して話す、寒い時にはその逆にするなどと、常に話を聞きやすい環境を整えることも大切です。

11 騒がしい時こそ
ひそひそ話す

音量は周囲に影響を受ける

　クラス全体が騒がしい時があります。休み時間直後の授業始めや、帰りの会の前、あるいは授業中に話し合いが盛り上がりすぎてしまった時など、切り替えがうまくできていない時によく起こります。

　こういう時の鉄則は、教師が大きな声を決して出さないことです。な
ぜならば、周囲の大きな音に対しては、より大きな声で話すというのが
当然の反応だからです。例えば日常生活において、周りで工事をしてい
て騒音が激しい状態であれば、近くの人に対してもお互い大きな声で話
すというのと同じです。話す音量は、周囲の環境に大きく影響を受ける
のです。

　つまり、子どもを集中させたい時には、小さな声で話し始めるという
のが大原則になります。先に述べた通りに、周りの音に合わせて話し声
も調整されるので、小さな声に対しては静かな環境をつくろうとするか
らです。例えば学級で声の小さな子が発言する時には、自然と周囲も静
かになるというものです。

話している内容が気になるようにさせるには？

　また、小さな声で話す内容は、重要なことであるという印象も与えや
すくなります。ひそひそ話や耳打ちを考えるとわかるでしょう。人間は、

小さな声で話している人を見ると、その内容がとても気になります。

　ただし、一つだけポイントがあります。話をしていることが周りに視覚的に確認できるように、**声は小さくとも、口の動きと全身の動きは大きめにします。**また、人は騒音の中でも唇を読もうとすると、集中します。前に立ち、オーバーアクション気味に動きに緩急をつけ、かつ小さな声で話してみましょう。

一人か二人の子どもに向かって話そう

　全体に対して話をしたい時も、あえて一人か二人の子どもの目を見て、そちらに向かって話をします。この子どもたちは誰かというと、クラスの中で最も真面目に話を聞こうとする子どもたちです。クラスの中で、最も強い教師への協力層ともいえます。

　学級経営の基本中の基本は「**真面目な子どもに損をさせない**」ことです。つまり、どんな喧騒や混沌の中にあれど「先生が話しているんだから聞かなくては」と思ってくれる子どもに対し、最大限の優遇をするという姿勢が大切です。これは、学級崩壊を起こして機能不全に陥っているような学級の場合でもいえます。全体がどうであれ、まずは協力層に対して最大限の配慮をするのです。「せめて○○さんにだけは伝えたい」という思いで、その子どもに向かって、大きく口を開けて話します。その子どもは、教師の方を見て、頷いて真剣に聞いているはずです。

　やがて周囲の子どもが気づき、「先生が話してるよ！」と声をかける子どもが出るかもしれません。より理想的なのは、そういう声さえ一切出ずに、だんだんと「静か」の輪がクラス全体に自然と広がっていき、騒ぎが鎮まるような状態になることです。こうなると「話は静かに聞くものだ」というのが当たり前になっていくだけでなく、「授業の始まりは切り替えて静かにすべき」ということも当たり前になっていきます。

　静かになったら、感謝を伝えることも大切です。「協力して静かにしてくれてありがとう。これで全員聞こえますね。先生の仕事は、みんなに聞いてもらえないと仕事にならないのです」などと一言付け加えます。

12 上の空の子どもには 簡単な質問をする

聞いていなければ、もう一度聞くチャンスを与える

　黙っておとなしく座って聞いてはいるけれど、明らかに上の空という子どももいます。このような子どもの注意を引き戻すためには、どうすればいいでしょうか。

　最も簡単な方法は、**ごく簡単な質問を突然する**ことです。話を聞いていれば誰でも答えられるようなものがいいでしょう。明らかに上の空であれば、答えられません。

　答えられなかった時、それ以上問い詰める必要はありません。「聞いていなかったですか？　では、他の人に同じことを聞きますから、その答えを聞いていてくださいね。○○さんには後でまた別のことを聞きますから、次に答えてくださいね」などと言って、他の聞いている子どもを指名して答えさせます。

　「後でもう一度聞く」というのは、厳しさと優しさです。「聞いていなかった」という状態を自覚させ、「聞いている」という理想的な状態に変える手段です。できていなかったからといって決して見捨てないということでもあり、再挑戦のチャンスを与えるということでもあります。

　もちろん、次に聞いた時にしっかりと答えたら、その改善したことを認めて言葉にして伝えることも大切です。特別に褒める必要はありません。「うん、聞いていたね」と頷くだけでいいのです。「今度はきちんとできた」と子どもが自分自身の成長を認めて自覚できることが大切です。

「褒められるからやる」「叱られるからやる」では、依存体質を生みます。

「いきなり指名」で集中力アップ

　聞いていなかった状態から一度意識を引き戻し、改めて話すことで、その後も注意して話を聞くようになります。またいつ尋ねられるかわからないからです。

　ポイントは「いきなり指名」です。教室で一般的に採用されがちな「挙手→指名」という方法は、一部の子どものみの授業参加を助長し、多数の子どもの集中力の欠如を生みます。

　自分が授業を受けていた学生時代を思い出してみてください。前で喋っているだけで決して指名してこない教師、あるいは挙手しない限り指されることはない教師の授業では、たとえ眠っていても問題がないものです。ただそこにいればいいだけ、授業はただ受ければいいだけという履修主義に陥り、主体性とは真逆の授業参加態度が育ちます。

　「いきなり指名」されるとなれば、自分の頭で考えて答える必要に迫られるため、頭をフル回転して聞くことになります。「いきなり指名」の方法は、子どもの主体的な学習参加態度を育成するのにも役立ちます。

一人がよくなるとクラス全体に波及する

　最初に指名されて答えられず、次に答えて改善した子どもがいると、これが成長モデルとなります。自分も聞いていよう、という子どもが増え、他の子どもの集中力も高まるのです。

　学級集団が育つというのは、あくまでも学級の中の一人ひとりが育つということです（「学級」や「みんな」という名前の子どもは存在しません）。子どもたちは、仲間を見て成長します。自分の仲間ができなかったことが改善してできるようになった姿を見ると、自分も嬉しい気持ちになります。そして、自分もできると思えるようになります。

　成長をプラスの目で見て認めるということを意識していきましょう。

13 「聞いていない」時は切り替える

子どもが飽きている様子なのはなぜか

　子どもたちの様子を見ると、大多数が見るからに飽きていて、話を聞いてないことがあります。

　大多数が飽きているという状況は（それを直視するのは辛いことですが）、こちらの話がつまらない、あるいは理解できていない証拠です。

　子どものせいにしたくなりますが、相手の興味と理解度に応じたものをその都度工夫して提示するのが教えるプロたる教師の仕事である以上、責任はこちら側にあります。見方を変えれば、状況を変える力と選択肢がこちら側にあるとも言えます。

　同じ話題でより興味を引くことができればいいのですが、恐らくそれができるのであれば、大多数が飽きる前にすでにしているはずです。まずは一度その話題からは撤退して、作戦を練り直す必要があります。

話題と活動を「切り替える」

　まずはこの場合、兎にも角にも、話を打ち切る必要があります。次にこちらがとれる選択肢は大きく二つです。

　①話題を切り替える

　②身体の活動に切り替える

　話題を変える際のキーワードは「ところで」です。言い方としては、ゆっ

44

くり大きく、少し間を空けるのがコツです。この言葉が出ると「何かな？」と思わせて一瞬気を引くことができます。

　例えば算数の授業で理解していないと思ったら、この言葉の後に、2学年前の内容のような、容易に理解できるものを提示します。分数で通分がわからない時ならば、「3の段のかけ算を言いましょう」「4の段は？」「今の中で、両方に出てきた数字は何でしょう？」などです。少し前に戻るのがコツです。

　もう一つは、思考から身体の活動に切り替えることです。先に挙げた「全員起立」をしたり「手を叩く」などの活動をしたりします。

　先の通分が理解できない場合だと、教師が1から数えるとして「左側の列の人は3の段に出てくる数の時だけ手を叩きます。右側の列の人は、4の段で出てくる数の時だけ手を叩きます」とすると、公倍数のところだけが音が合うため、通分の意味が体感できます。手も叩くので目が覚めて一石二鳥です。

　とにかく「切り替え」がキーワードです。

あえて話を聞きづらい形にする時もある

　教室ではあえて「周りとおしゃべりをしやすい環境」を作ることがあります。例えば、教室の机の基本配置は全員が黒板の方向を向いて座る「スクール型」が一般的だと思いますが、全員が常に交流できるように常に班の形にして仲間同士が向き合って座り、教室の真ん中の空間を空けておく「アイランド型」と呼ばれる型を採用しているような場合です。

　学級がある程度成熟してきて「教師の話を聞く」の段階から「仲間との交流を重視する」段階にいる場合、必ずしもいつも黙って教師の話を聞くことを求めないという状況があり得ます。「わからないで困っている人だけ、聞きたい人だけが教師に聞けばいい」という類のものです。

　あえてワイワイと話し声があふれる状態にしていることもあり得る、という認識を念頭に置いておくといいでしょう。

聞けない子どもに指導はしても叱責しない

無意識にこんな言葉を使っていませんか?

　子どもに話を聞いてもらえないというのは、人格否定のようにすら感じるものです。話を聞くことは、相手の存在を認めて尊重することと同義である以上、そうされなければ辛く感じるのも仕方のないことです。

　ただし、話が聞けないという相手側の状況にも、さまざまな事情があります。生来の身体的あるいは心理的な問題を抱えている場合もあります。人間関係の問題を抱えていて一緒にふざけないと仲間外れにされると感じている場合、単に興味が湧かないだけの場合など、人それぞれです。

　しかし「教師の話は聞いて当然だ」というような信念が教師にあると、子どもに誤った対応をしてしまうことがあります。

　「だらしない」

　「やる気がないね」

　「そんなことだと社会で通用しないよ」……

　腹立ち紛れに出てしまうのですが、これら叱責の言葉は百害あって一利なし。指導として行うのであれば、それに伴う結果と取るべき行動を想像できるように促します。

　「話を聞けないのはわかりました。しかし、この聞かなかった分をどうするかは、自分で考えて行動してね。後で困ったら相談には乗ります」

　この程度のことは伝えておきます。事情はともあれ、聞かないという

選択を取った結果の責任を、自分自身で取ることだけは教えましょう。

「静かすぎるクラス」に感じた違和感

　逆に、教師の話を聞きすぎる「静かすぎるクラス」というのも考えものです。いわゆる「ビシッ」としていて、教師が絶対的な存在というクラスです。このようなクラスには、深い問題点があります。

　一つは、教師自身が「絶対」になってしまう危険です。教える立場にある人間が間違わない保証など一切ありません。本来は、何が本当か、正しいかを子ども自身が検討しながら進むのが学習です。教師の話に口をまったく挟めないというのは、この点でかなりの問題があります。

　もう一つは、子どもが依存的になり、主体性を失う危険です。教師の言うことを聞いていればすべて上手くいくと学習すれば、命令に従うだけのロボットのような子どもが出来上がります。

　とにかく黙って静かに話を聞くのが絶対にいいことなのだ、という誤った信念は捨て去りましょう。

それでもつい怒ってしまう先生へ

　そうはわかっていても、やはり子どもが騒がしかったり話を聞かなかったりする態度に腹が立つのもわかります。教室での結果責任はすべて自分にあるのだし、このままでは子どもたちの将来にとってよくないかもしれないと心配するのも、至極当然といえます。

　そんな真面目な方には、少し「いい加減」になることをオススメします。「不親切」と言い換えてもいいかもしれません。要するに、自分には子どもを変えられる力があると考えるからこそ、腹が立つのです。

　実際は、私たちに子どもを変えることは一切できません。変えられるとしたら、自分自身の行動だけです。だからこそ、子どもをよく変えてあげようという親切心を捨て、聞かない子どもを変えることは諦めましょう。

15 どうしても聞かない子には 「目と手で」 そっと伝える

少しの指導でも子どもに十分に伝わる

　さまざまな事情で「どうしても聞かない子ども」は存在します。

　大切なのは、聞かない子どもに話を聞かせることではなく、相手を少しでも理解しようと努めることです。つまり、なぜ聞かないのか、あるいは聞けないのかという事情を慮ることに尽きます。

　例えば、集中力が散漫になりやすく、無意識に手いたずらをしてしまって聞けないという子どもがいます。**このタイプの子どもの場合、決して聞こうとしない訳ではないので、その都度気づかせてあげれば大丈夫です**。話しながら近くに寄っていって、すれ違いざまに肩に「トントン」と軽く触れてあげるだけでいいです。これも、子どもに「集中が切れちゃうことがあるよね。そうしたら、肩に触れて教えてあげるね」などとあらかじめ約束しておきます。また、異性の子ども相手で触れるのに抵抗がある場合なら「机をトントンと叩く」などの違うサインにします。

　アイコンタクトで伝える方法もあります。話している途中に少し黙って、一瞬顔を上げた瞬間に目を見て頷くだけでもいいのです。

　この程度でも十分に「自分を気にしてくれている」と伝わります。決して叱責ではなく、前向きな補助、支援として行うということです。

聞けるようになるには時間がかかる

　実際に担任をしてきた「聞かない子どもたち」を思い返してみると、一筋縄ではいかなかったことがほとんどです。そもそも、少し指導してすぐに聞くようになるぐらいなら、誰も困りません。

　結論から言うと、そのような子どもが聞くようになるまでには、信頼関係の構築と同じで、かなりの時間がかかります。即効性のある方法も確実な方法もないのです。

　例えばとにかく言うことを聞かない、何に対しても反抗的な子どもがいました。この子どもに「聞きなさい」と強く指導しても無駄どころか関係が悪化するばかりです。代わりに**「全部聞かなくてもいいから、コミュニケーションとして返事だけはしてほしい」**というように伝えると、最初はろくに返事もしなかった子どもが、一カ月もすると頷くようになり、やがて数カ月で返事もするように変化していきました。

　見方を変えれば、たかがそれぐらいの変化を期待するのにさえ、数カ月もかかるのです。もしかしたら、一年かかることだってあるかもしれません。変化しないことだってあるでしょう。それでも、いつか変わると信じて関わり続けることに意味があるのです。変わらなかったから意味がないのかというと、そんなことはありません。長い目で見れば、人に信じてもらった経験には必ず意味が生じます。

　ただ時間がかかる、という一点だけは頭に置いて関わり続けましょう。

無理をしない

　先にも述べた通り、変化には時間がかかります。そして、限られた時間の中で変化が見えるとは限りません。

　原則として、人を変えることはできません。ですから、変わらないのは自分の責任と思い込んで、自分を責めたり追い込んだりしてはいけません。決して無理をしないこと、自分自身を大切にすることを忘れずに、子どもの事情を慮ってお互いに温かい関わりをしていきましょう。

ものわかりの悪い教師

「ものわかりがよい教師」がいます。

いつも話をよく聞いてくれる。わがままを聞いてくれる。愚痴も聞いてくれる。わかりにくい話も理解して、さらに噛み砕いて説明してくれる。

その忍耐力も含め、羨ましいことです。

子どもにとっても、ありがたい存在でしょう。しかし、それが子どもの将来にとってプラスになっているかは、疑う余地があります。

なぜならば、そういう理解力のある人に話す時には、内容が適当でも聞き取りづらくても、上手く解釈してくれるからです。

私は、あまりものわかりのよい人間ではありません。何なら、「聞く力」の本を書いているのに、耳もよい方とは言えません。声が小さい子どもや遠くから話している子どもの話だと、何を喋っているのか、全然わからないことが多々あります。

そうなると、子どもたちは必然的に伝えるための手立てを工夫せざるを得なくなります。声を大きくしたり、はっきり喋ったりするようになります。そして同時に、周りも静かになって真剣に聞くという副次的効果が表れます。

教師があまりものわかりがよくないことを示すことで、子どもは話す力も聞く力もつけることにつながります。一見「不親切」なようで、子どもの成長を促すという本物の親切な教育をしているつもりです。

まあ、本当に聞こえないから大きい声ではっきり喋ってもらいたいだけということが大半なんですけれどもね……。

3章

どの子も夢中で引き込まれる！

楽しみながらできる 聞く力トレーニング

短時間でできる「朝のクイズ」

朝のクイズで聞く力と集中力アップ！

　朝にクイズをするという単純な方法で、子どもの聞く力を向上させることができます。興味をもって聞くというポジティブな体験が大切だからです。クイズは考えて答える面白さがあるので、乗ってきやすいです。

　また、クイズは注意して聞いていないと答えがわからないので、集中して聞く場面を設けることができます。

　朝はぼーっとしている子どももいるのですが、クイズとなるとぱっと目を覚まして聞くこともあるので不思議です。

　せっかく使える有効なツール、活用しない手はありません。

子どもが夢中で聞くオススメのクイズ

> ### その1　「何人通った？」
> 　最初に子どもが3人通りました。次に大人が4人通りました。続いて犬が3匹通りました。最後にお年寄りが2人通りました…さて、全部で何人通ったでしょう？

　正解は「9人」ですが、犬をカウントしてしまうと「12人」と誤って答えてしまいます。

このクイズは、2回読んであげることが基本です。最初の方に言ったことを忘れてしまう子どもがいるからです。そうすると、2回目は1回目以上に集中して、「人間だけを足し算すればいいんだな」というように聞くべきポイントを絞って聞くようになります。

> **その2　「水とミルク」**
> 　（子どもを見ながら机を指さして）「これは、水です。」
> 　（黒板を見ながら指さして）「これは、ミルクです。」
> 　（子どもを見ながらノートを指さして）「では、これは？」

　指さしたものを見ないで言った時の答えは「水（見ず）」、指さしたものを見ながら言った時の答えは「ミルク（見る）」となります。このやりとりを繰り返すと、解くための決まりに気づく子どもが出てきます。知識を問うものではなく、頭の体操であることがポイントです。

最初は教師がクイズを出し、徐々に子ども主導に切り替える

　最初のうちは、教師の方から積極的にクイズを出していきます。そもそも、放っておいても朝からクイズをやろうなどという発想にならないからです。

　何より聞く力をつけることがメインなので、とにかくよく聞いていればわかるような簡単な問題やクイズを出していきます。いくつか教師がパターンを示すといいでしょう。

　教師がクイズを出しているうちに、「自分たちも出したい」と必ずなります。出す人は希望者でもいいのですが、特定の係が朝のクイズを担当する場合もあります。

　子ども同士で出すクイズは、教師の出す時以上に集中します。子どものもつ教育力を最大限に活用しましょう。

2 どの子も集中して聞きたくなるゲーム

ゲームを使えば自然と聞く力がつく

　聞く習慣をつけるために有効なのが、ゲームの活用です。聞いていないとゲームに勝てないということと、単純に面白いので集中します。

　ゲームを楽しんでいたら、いつの間にかしっかりと話を聞く習慣がついていた、というのがポイントです。

「命令ゲーム」

　言わずと知れた有名なゲームです。

　前に一人命令を出す役割の人が立ち、他の全員は「命令、右手を上げて」「命令、左手を上げて」「命令、両手を下ろして」などの指示された動きをします。ただし従うのは「命令」と言った場合のみです。「命令」の部分を「では」や「はい」などの簡単な言葉にすると、レベルが上がります。単純ですが体を動かすのも面白く、集中して話を聞こうとするようになるゲームです。

「大統領ゲーム」

　子どもが確実に乗ってくるゲームです。音とリズムで楽しく集中力アップが期待できます。

〈進め方〉

❶ 教卓を大統領にして、下図のように机に番号をつけます。
❷ 大統領の「大統領ゲーム！」の掛け声に全員で「いぇーい！」と応えてスタート。
❸ 全員で机を「ドン！」と叩き、胸の前で「パン！」と叩きます。
❹ 自分の番号に続けて好きな番号をリズムに乗って言います。最初は大統領からなので「大統領、2！」となります。
❺ 言われた番号の人が、同じようにリレーして続けます。（2の番号の人が）「ドン！」「パン！」「2、5！」→（5の番号の人が）「ドン！」「パン！」「5、大統領！」→……というようになります。
❻ 言えなかったり間違えたりした時点で「アウト！」です。アウトになった人は、最後尾の席に移動します。
❼ 他の人も席を移動します。例えば、5番の人が失敗したら、6番以下の人が1つ上の番号に移動します。
❽ これを繰り返し大統領を目指します。

　ゲームに慣れるまでリードする必要があるので、最初は教師が「大統領」になり、子どもには大統領が間違えて最後尾に移動させるようがんばらせます。そう促すと、集中攻撃を受けることになる点からも、最初の大統領は教師がやるといいでしょう。「大統領」がわかりづらかったら「お殿様」など、子どもにわかる名前に変更しても OK です。

		大統領					
1	2	3	4	5	6	7	8
16	15	14	13	12	11	10	9
17	18	19	20	21	22	23	24
32	31	30	29	28	27	26	25

3 注意深く 聞き取る力が伸びる カルタ取り

自然と熱中して聞くカルタ取り

　楽しく熱中して聞く場面を設けるのならば、よく理解しよく聞いていると勝てるというタイプの、対戦型カルタ取りを行うと効果的です。

　カルタは汎用性があります。「読み手」と「読み札」さえあれば、どのような教科でも応用することができます。

　「1対1」を基本に行いますが、その理由としては単に人数が増えるほど、一人が取れる機会が減るからです。したがって、必要に応じて3人組、あるいはそれ以上の人数で行うこともできます。また、カルタのセットが少ない時などは多人数で行うこともいいでしょう。

　意欲づけの方法として、勝てば上の位へ、負けたら下の位へという「番付」型の対戦形式にする方法もありますが、勝ち負けにこだわりすぎるきらいもあります。その懸念があるのならば、「隣の人」「まだ対戦したことがない人」などと適宜必要な方法で組む方がいいでしょう。

百人一首・ことわざカルタで聞く力をつける

　百人一首は、日本の伝統的な言語文化に親しむという学習指導要領の方向性とも合致するオススメのカルタの一つです。上の句と下の句のセットを覚えていれば相手よりも早く取れるため、注意深く聞くようになります。また「おしゃべりしたらお手つき」などのルールを一つ入れ

るだけで、「黙って聞く」という姿勢も身につけられます。

　カルタは、「ことわざカルタ」「県名カルタ」「歴史人物カルタ」など
バリエーションを広げて楽しめます。特に、社会科の歴史のように、人
物と出来事を関連させて覚える必要のあるものについては高い学習効果
を発揮します。必要に応じて作っていきましょう。

子どものオリジナルカルタで聞く力をつける

　カルタ遊びを続けていると、**子どもが「○○小学校カルタ」や「○年
○組カルタ」のような、自分たちのオリジナルカルタを作るようになる
ことがあります。**

　このようなカルタは係活動のレクのような形で実施します。読み手を
子どもにすると、友達の声を一生懸命に聞こうとするので、子どもたち
はより熱中して力をつけます。

自作カルタは自分たちのことが読まれるので「ぼくのことだ！」と真
剣に聞くようになり、さらに子ども同士のつながりも生まれます。

4 子どもとの間に縦糸を張る 「絵本の読み聞かせ」

絵本の読み聞かせで聞く力と感性を育む

　絵本の読み聞かせは子どもの聞く力を伸ばすのに最適な方法です。

　まず、当然ですが読み聞かせの間は黙って聞くことになります。途中で子どもたちとのやりとりを挟みながら読むことはありますが、基本は読み手の声が聞こえないと不都合なので、静かに聞くことになります。教師の話を黙って真剣に聞くための素地を作ることができます。

　加えて、内容を想像しながら読むことになるので、想像力や感性が育ちます。語彙も増えて、一石二鳥どころではない効果があります。

　この読み聞かせは、定期的に行います。特に低学年なら国語の時間が多いので、毎日でも実施可能です。

読み聞かせる本の選書ポイント

　絵本を読み聞かせしてもらうことが好きな子どもは多いので、基本的にはどんな本を選んでもいいのですが、内容や長さによって集中力が続かないことがあります。そこで、選書のポイントを3つ挙げてみます。

　①教師自身が読んで面白い、好きだと思えるもの

　②目の前の子どもたちが好きそうな内容のもの

　③時宜をとらえたもの（季節や現在の学習内容と関連するもの）

　このあたりをおさえておけば間違いないかと思われます。何よりまず、

読み手である教師自身が楽しむというのが、最優先事項です。そうでないと、子どもたちにも楽しさが伝わらないからです。

　この読み聞かせを続けていると、普段の話でも黙って集中して聞けるようになります。

慣れてきたら子ども自身による読み聞かせ活動に移行

　読み聞かせを続けていると、必ず「自分でも読み聞かせをしてみたい」という子どもが出てきます。そこで、希望者だけにやらせてみます。そうすると希望者が増えてくるので、国語の学習として取り入れます。

　いきなり全員の前で読むのはハードルが高いので、グループで読み聞かせの練習をします。何度かやっているうちに慣れるので、その後は順番を決めて全体の前で実施をし、子どもの読み聞かせに移行します。

最初は本の方を向いていた読み手の体の向きが、慣れるにしたがって
聞き手の方へ向き、相手が聞いているかを意識するようになります。

参考：多賀一郎『改訂版　全員を聞く子どもにする教室の作り方』黎明書房、
　　　2019年。

書く力もセットで伸びる「耳で聞く連絡帳」

「聴写」で聞く力と書く力の両方をアップ

　耳で聞いたことをノートに記録するようにすれば、必然的に聞く力はもちろん、必然的に書く力も身につきます。ここで紹介するのは、元筑波大附属小学校教諭で「授業名人」として有名だった故・有田和正先生の**「おたよりノート」**(※3)**という連絡帳の書き方**の実践です。

　ここで紹介する方法は、いわゆる聴写です。視写が書かれたものをそのままノートに書き写す学習方法であるのに対し、聴写とは聞いたことをそのままノートに書いていく学習方法です。

　この「おたよりノート」による聴写が優れている点は、教師のもつ多様な言語表現方法を子どもが自然と身につけられるところです。

「おたよりノート」の実施方法

　「おたよりノート」では、次の2つの作業を繰り返していきます。

①**教師が話す**

②**子どもが聞き取った内容を書き写す**

　この繰り返しだけなのですが、教師の話す速さや1回分の長さを調節したり、漢字を指定したりなどと、意外と工夫が必要になります。これも、目の前の子どもたちを見て調節していけばよいでしょう。最初のうちは恐らく思ったようにできないことが多いでしょうが、慣れていく

うちにコツをつかんでいけるので、焦らず地道に続けていきましょう。

「おたよりノート」に書く内容

　「おたよりノート」にはどのようなことを書けばいいのでしょうか。

　まず基本は、時間割や持ち物、下校時刻などの必須の連絡事項です。これらに加えて、保護者に伝えたいことや、学級であった出来事、子どもの様子などを適宜加えていきます。

　有田先生は文末を「ござる」や「ありんす」「～で R」などと面白く工夫していますが、これも無理なく実態に応じて使ってみるといいでしょう。楽しく、ユーモアを交えて書くと、連絡帳が単なる連絡の手段から楽しみなものに様変わりします。

連絡事項のほかに、今日の出来事などを聞き取らせる

月	4
日	20
曜日	木

れんらくすることがら

1 国語
2 算数
3 体育
4 社会
5 学活
他 体操服

今日は算数であまりのあるわり算の訂算の
しかたを学びました。A くんが「あまったりは
どうするの」と言ったのでみんなで「うーん」と
うなりながら考えました。

印

（　　）

※3：有田和正『新ノート指導の技術』明治図書出版、1996年。

6 ▶ 子ども同士の横糸を育む 日直のスピーチ& 質問タイム

「日直のスピーチ」では話を全力で聞く姿勢を身につける

　朝の会における「日直のスピーチ」を実施している学級は多いかと思います。ただ、日直のスピーチは、子どもにとって負荷の高い活動です。全員の前に立って一人でスピーチをするというのは、かなり緊張します。**慣れない最初のうちは短く一言でもいいので、まずはみんなの前で話し、それを聞くという経験を積ませる**ことをねらいます。

　この際、聞く側の子どもたちにまず身につけさせたいのは「聞く態度」です。なぜならば、先に書いたように、スピーチを行う日直の子どもはとても緊張しているからです。自分の話していることが受け入れられているかどうかが不安なのです。仲間の肯定的な頷きや相づちといった「聞いているよ！」という身体表現が、スピーチをしている子どもにとっての励みになります。

　この点の大切さについて、私は次のように割と熱っぽく語ります。**「先生の話を一生懸命聞けない時があるのは構わない。先生は一日の中でもたくさん喋る機会があるし、時には聞き逃すことだってあるでしょう。しかし、クラスの仲間の話は聞き逃してはいけない。一日の中で、その人の話はその時しか聞けないかもしれない。だから、仲間が話をする時は、先生の話の時以上に、全身で、全力で聞く必要があるのです」**

　これぐらい言っておくと、子どもたちは「一生懸命聞こう」という姿勢をとるようになります。声が小さければ、時計の針の音が聞こえるぐ

らいに静かにすればいい話なのです。全力で聞く姿勢を身につけさせましょう。

「質問は礼儀」と教えよう

　スピーチを聞くこと自体も大切ですが、その後の質問がまた大切です。聞いていないと質問できないため、より一生懸命に聞きます。ここでは挙手による質問が基本です。質問した子どもを褒めることも忘れずに行って、習慣化を図りましょう。

モノを用いてスピーチする

　スピーチの仕方に「SHOW & TELL」という手法があります。**写真や実物を見せながらスピーチをする方法**で、話す方もやりやすく、聞く力が弱い子どもにとっても視覚情報の補助が入るので聞きやすくなります。

旅行をした時の思い出の写真を見せながらのスピーチ。大好きな電車や新幹線についてのことなので、いつも以上に楽しく話せます。

聞く力と話す力を鍛える「クラス会議」

「クラス会議」で真剣に話を聞く経験を積む

「クラス会議」という実践があります。ごく簡単に言えば、円座して全員が輪番で発言するという、学級会の一形態です。

やり方は、まず右の写真のように、椅子で円を作って座ります。教師はこの輪の中には入らず、子どもたちから出る意見を黒板に書いていく役割を主に担います。やがて慣れてきたら書記の子どもに役割を委譲していきますが、全体の調整が必要な間は教師がやっていた方がオススメです。

クラス会議の議題は、子どもたちから募集したもので行います。「クラスをよりよくしよう」といったものや「こんなことをしてみたい」といったもの、あるいは相談事でも何でも構いません。議題の選定は事前に行っておく場合と、子どもたちがその場で決める場合があります。

子どもたちだけで司会進行から話し合いまですべてを行うため、基本的に教師に頼ることができません。しかも、会議で決定されたことは必ず実行するルールなので、仲間の話を真剣に聞く必要があります。

「聞く力」が最も育まれる

円座して行うクラス会議では、メモ帳などをもたないので、その場で真剣に聞くことがすべてとなります。議題や仲間の意見をその場で理解

して話す力も必要となる、総合的な「話す・聞く」の実践の場にもなります。

　また、円座することで互いの姿が完全に見える状態になるので、聞く姿勢や態度も培われます。

　クラス会議での聞き方で最も大切なのが、この態度面です。「意見に対して否定しない」ということを最低限のルールとして先に示しておきます。どんなに変わった意見が出ても、まずは受け止めるということを教えます。この受容的な聞き方を身につけることがとても大切になります。

　「クラス会議」の実践そのものについて詳しく知りたい方は、以下の文献を参考にしてみてください。

参考文献：赤坂真二『赤坂版「クラス会議」完全マニュアル　人とつながって生きる子どもを育てる』ほんの森出版、2014年。

机は端に寄せ、教室を目いっぱい使って大きな円を作ります。クラス全員の椅子が円内にセットされるまで座らせないのがコツです。

8 適度な緊張感と 集中力を生む 指名方法の工夫

まずは「挙手指名制」を疑おう

　指名方法と言えば、手を挙げた子どもを指名する方法を真っ先に思い浮かべる人が多いかもしれません。手を挙げた子どもは話を聞いていて、積極的に授業に参加している、と判断されることが多いでしょう。保護者からよくある「うちの子は手を挙げてますか」という質問からもそれが伺えます。

　しかし、ここが落とし穴です。一般によしとされている「挙手指名制」という方法には、人の話をよく聞かない子どもと、受け身の子どもを生み出してしまうという問題点があります。

　「この先生は挙手をさせて指名する先生だ」とわかっていれば、挙手しない限りはなにもやらなくてぼーっとしていてもいいという認識を子どもが持つことになるのです。放っておけば話をまったく聞かない子どもを育てることになります。

　また、よく手を挙げている子どもがよく話を聞いている子どもかというと、これも誤認です。あまり考えずに反射的に挙手しているだけ、あるいは自分が目立ちたい、認められたいという思いが先行しているだけという場合もあります。本当に深く考えているとは限らないのです。

　では、どうしたらいいのでしょうか。

「いきなり指名」で緊張感と集中力が増す

　この問題を解決する手段は簡単です。**挙手をさせるのではなく、教師がいきなり指名**すればいいのです。あるいは、列を指定して全員に答えるよう指示しても構いません。全員の意見を吸い上げたい場合には、席順などで全員に発言を求める方法もあります。または**ネームプレートや出席番号カードなどを用意しておいて、ランダムに指名**する方法もあります。

　挙手指名制の代わりにこういった方法がスタンダードとして設定されていると、一気に授業への集中力が増します。なぜならば、挙手指名制の時と違い、発言すべき機会が突然自分にも来ると予想されるからです。そうなると、いつでも自分の考えを述べられるよう、常によく聞いて準備する必要があります。結果的に、授業への集中力が増し、聞く力もつくことになります。

　またこれは余談ですが、**適度な緊張感がある授業の方が、リラックスしっぱなしの授業に比べて「楽しい」と感じやすくなる**という研究結果も出ています。授業には緩急のリズムをつけること、緊張と緩和のバランスが大切なのです。

「意図的指名」でさらにレベルアップ

　さて、ランダム指名でも授業は成立するのですが、もう一歩踏み込んだ指名方法があります。それが**「意図的指名」**というものです。

　発問や指示のあと、自分の考えをノートに書く作業時間を確保します。その間に教師は机間巡視を行い、それぞれの意見を把握しておきます。**「まずはＡさんの意見とＢさんの意見で多数の同意を得たあと、敢えて真逆のＣさんの意見をぶつけて、意見に深みをもたせよう」**といった具合で、その後の進行を構想していきます。

　これは少しレベルの高い技術になりますが、子どもが仲間の意見を聞き合う、よりよい授業を目指すのであれば、挑戦していきましょう。

9 給食は聞く力を育てる 最高のチャンス

給食時の一工夫で聞く力が伸びる

　毎日ある給食の時間は、実は「聞く力」を育てる格好の機会でもあります。給食の時間というのは、子どもたちにとって聞くべきことが案外多いのです。

　そしてある程度「黙る」「静かにする」ということが必要になります。特に給食の準備時に騒がしい、落ち着きがないという状態は、衛生面からも安全面からも好ましくありません。

　ただし、この時間を放っておいても聞く力はつきません。意図的な計画による指導が必要です。では、給食の各場面でどのように聞く力をつけていけばいいのでしょうか。

配膳時に聞く必然性のある連絡をする

　例えば「○班さんどうぞ」のように、給食当番が呼んだら給食を取りに来るという約束をしておきます。ある程度静かに聞いていないと困ることになります。

　給食の時間は基本的に静かにしている必要があります。ただ座っているだけだとついおしゃべりをすることもできてしまうからこそ、給食の配膳時に「聞く」という必然性をもたせるように設計します。

　また、配膳時にあらかじめルールを設けておく方法もあります。

例えば「少なめ希望の人が先に配膳される」といったものや「苦手なものがある人を先に対応する」といったものです。自分が関係あるタイミングで都度呼ばれるので、よく聞いている必要があります。

「仲間の声を聞いていないと自分が困る」という機会を設けておくことがポイントです。

配膳時に聞く必然性のある連絡をする

給食のおかわりについて伝える時は、特にたくさん食べる子どもにとっては全意識をそこに集中して聞く機会です。「聞き逃したら自分の好きなおかずのおかわりを逃す」という危機感が、高いモチベーションを生み出します。

「おかわり時の声を聞いていないと困る」という状況を作るために、おかわり希望をきく時は人気のおかずの配膳を後回しにし、1種類ずつ順番に聞くようにします。「1周目におかわりを希望できるのは1回のみ」というように明確にルールを作っておくといいでしょう。ルールを事前に理解させておくことがポイントです。

10 問題解決能力が育つ クラスの「お悩み相談係」

子ども同士が真剣に話を聞く機会を設ける

　教師は子どもの話を聞く機会が非常に多いです。授業中の発言に対するやりとりはもちろん、子ども同士のトラブルがあれば、双方に事情を聞き取るといったことも日常茶飯事でしょう。つまり、教師自身の聞く力については、日々子どもたちに鍛え上げてもらっていると言っていいでしょう。

　しかし、子どもたちに身につけさせたいのは、子どもたち自身でトラブルを解決する力です。

　そのためには、子ども同士が真剣に仲間の話を聞く機会を多く設けることです。そのための手法を紹介します。

けんかを解決してあげない

　けんかの状況について双方に聞く、というのは最も切実かつ真剣に話を聞く絶好の機会です。これを利用しない手はありません。

　それにはずばり、教師が親切にけんかの解決をしてあげないことです。自著^{（※4）}の引用ですが、次のように伝えます。

　「けんかをしてもいい。ただし、相手のせいにしないこと。なるべく自分たちで話し合って解決すること。次の時にけんかをしないで済む方法を考えること。無理なら、助けます」

70

このように伝えておくことで、子どもたちは「自分たちは信頼されているんだ！」と感じます。けんかをしても、相手の話を聞くようになります。時には、けんかの当事者ではない子どもたちが間に入って事情を聞くこともあります。確実に子どもたちが育ちます。当然、トラブル自体も減っていきます。

　子どもが教師に頼っているうちは、トラブルは減らない、なくならないものと思ってください。その課題が教師のものになっているからです。子どもたちの課題は子どもたちへ返してあげましょう。聞く力もついて、一石二鳥以上の効果が望めます。

クラスのトラブルを解決する「お悩み相談係」

　子どもたちに言葉だけで委ねるのでなく、学級内の組織として、「お悩み相談係」を設置するという方法を紹介します。

　まず「お悩み相談係」を有志で募ります。その際の趣意説明として、子ども同士のけんかなどのトラブルの際に話を間に入って聞く権限を分譲していくということを伝えます。下の写真のような「相談ボックス」を設置し、子どもたちは悩みを用紙に書き依頼します。

　ただし、この係が活動するには、条件が二つあります。

①トラブルの当事者たちが係に「聞いてほしい」と依頼をすること

②係は公平に話を聞き、相談者全員を裁くのではなく救うこと

　この方法も、子どもの聞く力が伸びるだけでなく、トラブル自体が確実に減ります。「先生が解決してくれる」という依存心を取り除くことができれば、子どもの力は大きく伸びます。

※4：松尾英明『不親切教師のススメ』、さくら社、2022年。

オウム返しスピーカー教師

　子どもの聞く力を阻害する、最もよくない教師の在り方が、「オウム返しスピーカー教師」です。私も初任の頃にやっていて、初任者指導の先生に指摘されて大いに反省した覚えがあります。

　「オウム返しスピーカー教師」とは、子どものどんな発言も、拡声器のように大きくしたうえに翻訳までしてしまう教師のことです。子どもがどんなに小さい声で話しても、わかりにくい説明をしても、「○○さんの言いたいことはこうですよね！」と教師がすべて「翻訳」「拡大」して全員に話してくれます。（しかも本人がまったく言っていない説明まで長々と加えてくれます。）

　子どももそれを学んでしまうため、子ども同士の発言は一切聞かず、教師の話す内容にのみ集中すればいいとなってしまいます。

　もしわかりにくい説明をした子がいたとしても、教師がわかりやすく言い直してくれるので、その子が説明の仕方を工夫する機会はありません。

　これは、必ず教育実習生に教える話でもあります。

　ついつい、良心的サービスでやってしまう行為なのですが、子どもの成長を大きく阻害します。

　オウム返しをしないようにすれば、必ず子どもたちから発言した子ども自身へ「もう1回お願いします」のリクエストがきます。そうすると、周りもより真剣に聞きます。話す側も本気になって話します。結果、子どもたちには、話す力も聞く姿勢も同時に身につくことになります。

　「黙って聞く」は、教師にこそ必要な姿勢かもしれません。

4章

ざわつきはじめたクラスに効く！

困った場面では
こうしよう

1 「何度言っても話を聞かない子」は無理に変えようとしない

　1年生のA君は落ち着きがない子どもです。担任の先生が「静かにするようにそっと諭す」「ゆっくり話す」などの対応を続けても、A君の反応は「奇声をあげる」「耳をふさぐ」など明らかに拒否しています。

これでうまくいく！ 動くのが当たり前という前提で接する

ポイント　音や視覚情報に敏感な子どもの場合、教室の隅にパーテーションなどで区切った空間を設け、クールダウンできるような環境を作ることも有効です。

子どもを変えずにこちらの枠組みを変えよう

　特別支援教育の知識のある方ならすぐにわかると思いますが、A君は発達に課題を抱えています。学校の「常識」「こうあるべき」という枠の外にいます。この状況下で、対応は大きく2つの方向に分かれます。

①子どもを枠の中に収まるように変えようと指導する

②子どもをありのままに見て、こちらの枠組みを変える

　どちらが正解ということはありません。1の方がいいこともあれば、2の方がいいこともあります。例えば周囲への暴力行為が収まらない場合なら、1の方向を考えます。社会の枠組みにおいても、無差別な暴力行為は認められないからです。

　一方で今回のようなケースの場合、2の方向で考えます。なぜならば、こちらのやろうとしていることに無理があるからです。現状、A君は努力しても座って話を聞くことができません。それが彼の特性だからです。

その子どもの「聞けない」理由を解き明かす

　子どもの「聞けない」理由はさまざまです。例えば**喋りまくって聞かない子どもや、動き回って聞けない子どもたちなどは「不安感」がポイント**となっていることが多くあります。動いていないと「体の中を虫が這い回っているよう」と表現されるぐらい、強い不快感なのです。

　聞いていない態度はあくまで身体表現です。動き回っていたり、場合によっては寝転んでいたりするような、一見聞いていないような状態でも、「頭」（理解）と「心」（興味）はこちらに向いていることがあります。

　この場合なら、実は「聞けない」は単なる誤解です。態度が欠けているだけで、周りに影響がないようなら問題ありません。そこを無理に指導すれば、散々な結果となります。

　授業の途中で「これってどういうことだろう？」などと尋ねると、A君のような子どもがふいに答えることがあります。聞いていないようで、実はよく聞いている子どものサインをキャッチしていきましょう。

2 「静かに教室移動できない子」には他者目線を与える

　体育館など他の場所へ移動する時になると、ついおしゃべりをしてしまう2年生のB君。「廊下は静かに移動します」と何度言っても「馬の耳に念仏」といった様子。つられて他の子も喋るようになってしまいました。

これでうまくいく！ うるさくて聞こえない状況を体感させよう

ポイント 本来ならはっきり聞こえる声で話せている子どもの時がチャンスです。聞ける環境づくりはみんなの協力が必要ということに気づかせましょう。

廊下がうるさくて話が聞こえない時こそ指導のチャンス

　どんなに「静かにしよう」「他の学級の迷惑になるよ」と言っても、幼い子どもたちは実際に体験しない限り、想像できません。

　これは「自己中心性」と呼ばれるものです。わがままとは違います。「自分が見ているもの、知っているものは相手も当然知っているはず」というような認知の仕方を指します。

　例えばこれは実際にあった話なのですが、私の担任した1年生の子どもが日直のスピーチで「皆さん知っていると思いますが、昨日は私の弟の誕生日でした」と話し始めたことがあります。大人の感覚からすれば当然知っているはずはないのですが、聞いていた周りの子どもたちは「まずい。私、知らなかった……」という緊張した面持ちです。つまり、子どもの世界というのは、大人とは認知の仕方が異なるということです。

　だから、実際に体験すればわかるのです。**たまたま他学級が騒がしく廊下の前を通る状況が**あるはずです（逆に低学年でいきなり全学級静かな移動ができていたら、それはそれで異常事態です）。**その学級を責めるのでは当然なく、上手に利用させてもらいます。**

　「今、○○さんの一生懸命の発表、聞こえなかったよね。○○さん、はっきりと喋っていたのにね。なんでかな？」

　「廊下がワイワイガヤガヤしてうるさかったから」

　「そうですね。でも、これってみんなもしちゃっているときがありますね。今度から、廊下を移動する時はどうすればいいのかな」

　こんなやりとりがあるだけで、子どもたちは「廊下を静かに歩く意味」を理解し、実行に移すようになっていきます。

全員が変わらなくてもいいというゆったりした心構えで

　ただし、これでB君まで変わると思ってはいけません。周りが変わる方が先なのです。大多数が静かになっていれば、一部の子どもだけならそれほどの問題にはなりません。そこは完璧を求めずにいきましょう。

3 「何度言っても指示が抜け落ちてしまう子」には視覚にうったえる

　3年生のCさんは、授業開始前に必要な持ち物の準備ができません。担任の先生は粘り強く「授業の前には準備をしようね」と声をかけましたが変化はなく、ついには「何度言わせるの！」と怒鳴ってしまいました。

これでうまくいく！ 「持ち物が用意されている状態」の写真を掲示する

あ!! 次はノートを用意して…

ポイント 見本を提示する方法はさまざまな場面で応用できます。指示を出すときには、「もう少し大きい字で」など抽象的な言葉は避けることも重要です。

写真を使って視覚的にインプットしよう

　子どもが何度言っても聞かないのは聞く気がないのではなく、そもそも覚えていられないという問題が根本にある場合があります。

　そこで登場するのが、視覚的な資料です。特別支援学級などではよく使われている手法で、誰にとっても助かるユニバーサルデザイン的指導です。聞くための指導をするうえでも、視覚情報は重要です。

　普段から話を聞かせる際にも、図や絵などの視覚補助、手などを使った体感的な理解を併せて用いた指導を意識すると上手く伝わります。

視覚優位・聴覚優位・体感覚優位は人それぞれ

　もう一つ大切な視点は、人によって、視覚・聴覚・体感など、優位な感覚器官が異なるという点です。

　それぞれの優位な感覚器官に訴えかけるように伝えることが必要になりますが、クラスには30人を越える子どもがいます。つまり、すべての方法を使う必要があるということです。

　例えば視覚優位の子どもには、見てわかるような資料や、やって見せるような指導が有効です。

　聴覚優位の子どもに対しては、音声情報が命なので、はっきりゆっくり、かつ伝えたいことについて、詳しく話す必要があります。

　体感覚優位の子どもは、感覚的な用語で体感的に想像したり、実際に本人がやってみたり触ってみたりすることで理解します。

　これらを複合して考えると、基本の伝え方は
①視覚的な掲示資料や動きを交えながら
②必要な事柄についてゆっくり、はっきりと喋り
③感覚的な用語（ゆっくり、ささっとなど）を交えて話す
ということになります。

　聴覚優位の子どもの割合は少ないため、「きちんと丁寧に話せばわかる」とは思わないことが大切です。

4 「行事の後に急に落ち着きがなくなる子」には日常のルーティーンを

　普段から落ち着きのない4年生のD君は、最近、突然叫んで教室を飛び出すなど、困った行動が増えています。担任の先生は、運動会が終わったばかりで仕方ないとは思いつつも、困り果ててしまいました。

これで うまくいく! できるだけ日課表通りにし、時程も視覚的に示す

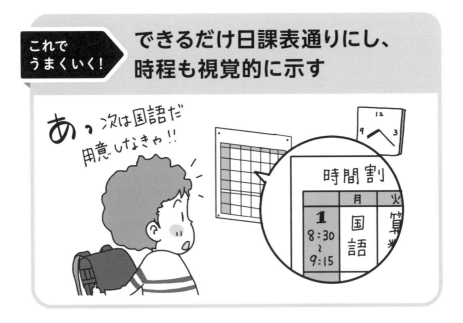

あっ次は国語だ用意しなきゃ!!

時間割
月　火
1　国　算
8:30〜9:15　語

ポイント 見通しをもてないことが不安や不適切な行動を引き起こします。視覚的に示すことで、教室の誰にとっても助かる手立てになります。

行事の後は改めて日常を取り戻す指導をする

　運動会などの行事があると、時間割はおろか、時程もぐちゃぐちゃになりがちです。例えば、いつもなら月曜日の1時間目は算数の時間なのに、外に出て運動会練習。代わりに算数は4時間目に移って、その4時間目にやる予定だった教科は翌日へ……などという複雑な日課変更が起こります。

　予定の変更が苦手な一部の子どもにとって、これはかなりの負担を強いられます。しかし行事自体の楽しみも相まって、何とか適応しようとがんばります。

　問題は、行事が終わった後です。無理をした反動で、行事後に一気にエネルギー切れになることがあります。子どもによってはそれが無気力という形で表れたり、冒頭のD君のように落ち着きのなさという形で表れたりします。

　ここで大切なのは、日常を取り戻すという感覚です。こちらの勝手な都合で子どもの学校生活のリズムを変えさせたのだから、こちらの責任で取り戻す指導をしていく必要があります。

　基本は（行事の後に限らずですが）**日課表通りに授業を進め、時間割をいじらないことです。当日の急な変更が一番いけません。**やむを得ない場合もあるかもしれませんが、極力避けます。

子どもを「教師の都合で振り回している」という自覚をする

　「話を聞かない」ということ全般にも関わりますが、教師は子どもがこちらの思うように動かないことに対し、子どもの中に原因を探しがちです。実は、こちらのやり方やあり方に問題があることが多々あります。

　そもそも、学校の制度設計自体が、大人側の都合でできています。学校の教育課程が子ども本位で考えられている、とはなかなか言い難い状況というのが本音でしょう。あらゆる場面において、子どもに求める前に、こちらのやるべきことをまず振り返る必要があります。

5 「自分の話ばかりする子」には友達の話を聞く大切さを体感させる

　6年生のE君は勝手な発言が多く、友達にも「またE君か」と呆れられています。担任の先生は、E君の勝手な発言には取り合わず、折に触れて「人の話をちゃんと聞こう」と伝えてきましたが変化はありません。

これでうまくいく！

「全員にうなずいて聞いてもらう」を体験させてみる

ポイント 肯定的に聞いてもらう嬉しさを体感させます。「クラスの仲間の話は絶対に聞く」というルールを再確認することも重要です。

自分の話を聞いてもらう体験をさせる

　「話を聞かないで喋りまくる」は、負の行動です。負の行動に対して、過度な関わりはその行動を助長することにつながるため、意図的な無視をして関わらないというのが原則的な対応になります。無視といっても、その子どもの存在を無視するのではなく、負の行動だけを無視するということです。しかしながらこのパターンにおいては、教師が無視していても子どもが負の行動をし続けてしまい、この対応ではカバーしきれなくなってしまいます。

　大切なのは、このような子どもの「聞いてもらいたい」という欲求を適切に満たすことです。Ｅ君は、クラスで一番話を聞いてもらいたい子どもと言えます。だからこそ「人の話を聞く」ということの意味を再確認します。そこで、**Ｅ君に前に出てもらい、「話をうなずいて聞いてもらう」という体験をさせます。**「どんな感じ？」と尋ねると、「気分がいい」などと答えるでしょう。そこで、**「もし自分が喋っているのに、周りがまったく聞いてくれなかったら？」**ということを全体に投げかけます。誰しも、自分の話を聞いてもらいたいものです。聞いてもらいたい人は、相手にそうしてもらうために、自分も人の話を聞く必要があると伝えます。

普通に聞けている状態を取り上げて褒めよう

　一番大切なのは「普通」の状態の時に褒めることです。本来だったら６年生で黙って人の話を聞いているなど当たり前のことなのですが、このＥ君のような状態にとってはそうではありません。**取り上げて「今みたいに静かに聞けること、すごくいいですね」**と伝えてあげます。全体の前ではっきりと言うか、こっそり個人に伝えるかは、集団と個の性質によって臨機応変に変えていきます。

　「褒める」という指導はマイナスの行動を減らして通常の状態にしたい時は特に有効です。自信のない子どもや上手くできていない子どもには、積極的に褒めて進むべき方向を示すというのは非常に大切です。

6

「屁理屈を言って人の意見を聞き入れない子」には安心させる

　5年生のF君は、とにかく「口が立つ」子です。先生や友達に注意されると、「何でそんなことしないといけないんだ」と口答えします。次第に誰もF君を注意しなくなり、行動はさらにひどくなっていきました。

これでうまくいく！ 二人きりでじっくり話を聞く場を設けよう

ポイント　話を聞いて共感してもらえる体験をさせることが目的です。話に自分勝手な点があったり整合性がなかったりしたとしても、共感して「聞く」に徹します。

全部吐き出させて、不安の根本を解消しよう

　まずF君はなぜ屁理屈をこねて相手を論破しようとするのかという根本的な原因を探ります。

　相手を論破しないと気が済まないという場合、根本には「相手に絶対に勝たないといけない」という強迫観念があります。これは家庭の影響が強く出ている場合が多く、家の中では本人が家族の誰かに強い言葉で従わされている可能性があります。つまり、相手に勝たないと嫌な思いをするという、負の学習を繰り返してきているということです。

　つまりここで「間違いを指摘する」「責める」「説得しようとする」という指導は、すべて逆効果です。勝負してしまっているからです。

　この場合、子どもは危険を感じているので、まずは安心させることが最優先です。相手が勝負していない、攻撃してこないとわかれば、攻撃態勢を解きます。しかしそう簡単には信用してくれません。

　これには、個別の面談を設けるのがいいでしょう。周りに誰もいない状況の方が、安全・安心なので本音が出せます。この面談では、いったん教える立場を捨てて、「あなたのことを聞かせてほしい」というカウンセリングマインドの精神で向き合います。

　具体的には、**「F君、実は何か困っていることあるのかなって思ってて。本当は〇〇なF君があんな風にいろいろ言うのには、必ず理由があると思っているんだけど、どうかな？」**というような感じです。「〇〇」には「素直」「優しい」「親切」など、子どもを肯定する言葉を入れます。「この前も困っているBさんを助けていたよね」というようなエピソードが入れられるとなおのこといいです。「あなたは本来素敵な人である」というスタンスで話を進めていきます。

　つまり、この場合すべきなのは話を聞けるようにする指導ではなく、こちらが聞くという姿勢を示すことが先です。面談では、子どもが親の言いなりになっていたり、受験のストレスがあったりといった情報が得られるかもしれません。子どもの苦しみに寄り添い、理解を進めましょう。

7

「悪いこととわかっているのに聞かない子」には叱らずに問いかける

　３年生のＧ君は、周囲へのいたずらや暴言・暴力行為が止まらず、毎日叱られています。担任の先生が真剣に問いただしても、「知らない」「やってない」の一点張りで、指導に毎回ものすごく時間がかかります。

これでうまくいく！ | 「何か嫌なことがあったんだよね」と問いかける

何かあったの？

…だって…

ポイント　どんなに悪いことをした場合でも「あなたの味方」「助けたい」という姿勢で接します。反抗する子どもほど、本当は助けてほしいと思っています。

まずは相手を理解する姿勢を見せる

　この場合の「話を聞かない」というのは、音声として聞けない、理解できないという訳ではなく、理解しているけど従いたくないという意味の「聞かない」になります。つまりは、子どもにとって何かしらのメリットがあるので、聞かない状態なのだと捉えます。

　つまり聞くことで自分が不利になるなど心理的な不安を抱えている可能性を考えて、心理的な障壁を発見し取り除いていきます。

　例に挙げたような子どもは歴代の担任の先生からも叱られ続けていて、「教師＝敵」という認識をもっていることが多々あります。自分にとって害悪を与えると考えていては、聞くはずがありません。

　まず伝えるべきは「あなたがそんなことをしたのには理由があるんだよね」という共感で、続いて「あなたが心配」というメッセージです。

「あなたの味方」という認識をもてるように接する

　叱られ続けている子どもというのは、自分が悪者だと思っています。「自分のことなんて誰もわかってくれない」と考えて、ふてくされてしまっている状態です。

　しかし、問いかけることで子どもは自分の言い分を話すことができます。恐らく、公平に見てかなり身勝手にしか思えない言い分が出てくることでしょう。それでも**目を見て真剣に「うんうん」と頷いて聞きます。**話の内容を肯定している訳ではなく、あくまで「話を聞いているよ」という相づちです。

　一通り話し終えたら、評価をせずに「じゃあ、どうしたらいいかな」とさらに問いかけます。なおも黙っている、防御姿勢が解けないようであれば「あなたを助けたい」「絶対に悪いようにしないから」と味方であることを伝えます。

　こういったことを繰り返していくうちに、信頼関係が生まれ、やがて話してくれるようになっていきます。根気強くいきましょう。

8 「反抗することで自分を アピールしたい子」には いいところを褒める

　6年生のHさんは、授業中に大声で「面倒なんですけど！」と言うなど、あからさまに反抗的な態度を取る子どもです。担任の先生は毎回Hさんにきちんと対応しましたが、態度は変わりませんでした。

これで うまくいく！ 全体の中で「よい行動」を 取り上げて褒める

ポイント　本来なら「当たり前」のことを「全体」として褒めます。クラス全体の適切な行動を肯定する中で、一緒に巻き込んでいくイメージです。

まずは全体の中で褒めて認めていく

　この例は、いわゆる一見「目立ちたがり屋」「いばりんぼう」に見える子どもたちに多い行動傾向です。根本的には自分が尊重されないことへの不安感があります。例えば家族の中で自分が兄弟の一番年下で尊重されないといった自分の立ち位置の不安定さを感じていたり、学力や運動、人間関係などで学校生活の中でコンプレックスを抱くようになっていたりします。

　「何かができないといけない」「存在をアピールしないといけない」という強迫観念が根底にあるため、通常の指導を受け入れにくい状態です。つまりは、**「何もしなくても、ここにいていい」という居場所や安心感を与えるのがポイント**になります。

　そう捉えると、「悪い行動は無視する」という通常ならば効果のある方法も、この子どもの場合だと「無視された」という一点のみに着目してしまい、うまくいきません。一度やり方を変える必要があります。

　また、この例のように高学年の子どもの場合、個人的に褒めること自体が難しいこともあります。まずは全体の中で「当たり前」にできているところに着目し「全体で褒められた中の一人」という体験を積ませる必要があります。

当たり前の行動を褒めて、存在を認めていることを伝える

　存在のアピールが重要になっている子どもなので、「見ているよ」ということを伝え続けます。

　具体的には、**掃除の時間に普通に掃除できていたら頷く、といった簡単なところから始めて、授業中に全体の前できちんと褒める、といったことへ段々と移行**していきます。

　いずれにせよ、この例のような子どもは時間をかけて自分のポジションをこのように築き上げてきてしまったため、すぐには変わりません。急に変えようと無理せず、根気強く接していきましょう。

9 「パニックを起こして 聞けなくなる子」には そっと体に触れる

3年生のI君は、時々パニックを起こします。図工の時間で思い通りにいかなかった時や、算数で躓いた時、友達とけんかをした時など理由はさまざまですが、一度スイッチが入ると暴れて止められません。

これでうまくいく! **体に触れて「大丈夫」と伝えよう**

大丈夫よ
…

ポイント 子どものパニックに巻き込まれることなく、努めて落ち着いて、慈しむように穏やかな表情で接していくことで、こちらに同調させていきます。

90

体に触れることで安心できる

　何かができなくて暴れるというのは、心を守るための常套手段です。どうにもならない気持ちを暴れることで表現している状態で、小さな子どもであれば自然な姿です。ただ、年齢が高くなってくるにつれて「困った行動」とみなされるようになります。

　こういった行動が出たら、話をするよりもまずは落ち着かせることです。体に触れることで、安心感が生まれます。身体的接触は、本能的な欲求なので、特に一部の子どもにとっては大きな効果があります。

　また、体に触れる行為は、安心感をもたせるためであって、押さえつけるためではありません。場合によっては少ししっかりと抱き抱える必要があることもありますが、こちらがケガをする可能性もあり、特別支援の手法の専門的知識がないと危険です。

　子どもによっても適切な接し方は異なりますが、基本はやや後方から両手で肩などにそっと触れながら共感してあげると、少し落ち着きます。[※5]

一人になれるスペースを作ることも有効

　子どもが落ち着くための空間を確保しておくことも有効です。何か嫌なことがあった時には空き教室のここにいていいなど、決めておきます。

　場合によっては、**教室の中にそのような一人になれるスペースを確保しておく**ことも有効です。段ボールのようなもので空間を作ってもいいですし、本棚で囲まれたようなスペースでも構いません。そうすれば、そこが一時的な避難場所になります。

　他人の目から遮断される場だと、落ち着くことがありますので、子どもの気持ちに寄り添って、必要な手だてをうつようにしましょう。

※5：川上康則『教室マルトリートメント』東洋館出版社、2022年。

10 「語彙が少なくて話が理解できない子」にはなるべく和語で話す

3年生のJさんは、いわゆる「ふわふわした子ども」です。いつも話をまっすぐ聞き、先生が「わかった？」と尋ねると「うん」と言うのですが、試しにわかったことを説明させようとしてみても答えられません。

これでうまくいく！ 漢語を使わず低学年の子どもでもわかるような言葉で話す

ポイント 大抵の漢語は「タチイリキンシ」のようにカタカナの羅列で伝わっていると考えます。基本的に2学年程度下げた表現を心がけましょう。

伝わらない言葉は、言い換えよう

　この例の子どもは、体（態度）と心（関心）では聞いているのに、頭（理解）としての聞く力が乏しく、話の理解ができないというパターンです。知的に問題があると早合点に捉えるのではなく、単純に語彙力の不足と考えて対策をとります。

　まずは、漢語より和語を使って話をするようにしましょう。 幼児に話す時を考えるといいでしょう。「歩行」がわからなくても「歩く」ならわかります。「整列」がわからなくても「真っすぐ並ぶ」ならわかります。子どもが悪いことをした時も、幼稚園の先生なら「言語道断」とは決して言わず「とってもいけないことです」と言うはずです。一方で、相手が中高生なら逆にぴしゃりと「言語道断」と言う方がいいかもしれません。相手の語彙力に応じて言葉を変える必要があるということです。

日頃の授業で語彙を増やしていくことも大事

　やさしい言葉を使うと同時に、語彙力など、インプットを増やしていく指導も重要です。なぜならば、簡単な言葉の方が理解できるからといって、そればかりを使っていては、根本的な解決には至らないからです。

　これは、漢字の学習で、まだ教わっていない漢字だからといって黒板に書かないでいると、いつまで経っても読めるようにならないということと同じです。

　１年生の国語で「おおきなかぶ」という話が教材で出てきますが、表記は当然平仮名です。「蕪」という漢字はずっと習わないので、書かない限り何年生になっても、下手すると大学を卒業して大人になっても「蕪」と読めないままです。逆に、**堂々と黒板に書いてふり仮名を振ってあげていれば、１年生でも読めるようになります。**

　和語で伝えつつ、同時に漢語も教えながら徐々にインプットしていくという指導も並行していきましょう。

黙っていられないという悩み

　再三書いてきた通り、私は聞くより話す方が好きだし得意です。もう、教師の職業病といってもいいぐらい、喋ってしまいます。

　これは、授業に支障をきたします。例えば、何か一つ発問をして子どもがノートに書く作業をしているとします。せいぜい3分間から5分間程度なのですが、これがとてつもなく長く感じる。そうすると、机間指導をしている際、ついつい喋ってしまうのです。

　「あ〜、たくさん書いてるね」
　「なるほど、なるほど」
　「そういえば、さっき言い忘れたけど……」
　「ちなみに、○○は……」

　あえて周りに知らせるための意図的な発言もないことはないのですが、ほとんどが「沈黙への理由なき不安」に対するおしゃべりです。これはいけない。
　当然、見ている人は見ています。大勢の人が見ている授業研などではこれが顕著で、指摘されることがあります。若かりし頃は、先輩の先生方に相当指摘されました。
　「喋りすぎ。今の10分の1、いや、20分の1に減らしなさい」と。つまり、95％は無駄な発言ということです。日常的に95％が無駄な話をされたら、集中して聞く力など身につくはずがありません。

　繰り返しになりますが、子どもの聞く力をつけるために、教師が黙るということの大切さは強調しておきたいところです。

5章

保護者や同僚とうまくいく！

教師が「聞く力」を
つけるには？

1 教師の仕事は 「聞く力」が9割!?

教師自身の「聞く力」について考えているか?

　最終章では、教師自身の「聞く力」について考えていきます。

　子どもの「聞く力」を育てようと考えるうえで、教師自身の「聞く力」を考えることは重要です。子どもの「聞く力」をどうつけるかというのが「研究」だとしたら、こちらは自分自身の「修養」にあたる部分です。

　これは、自分にできないことを他人に求めるのは難しいという面と、どうやっても「聞けない」という状況も有り得るという、子どもに共感的な姿勢を身につけるという面の両方から大切です。

大人も人の話を聞けない

　教師の「聞く力」を考える前提として「自分は人の話を聞けていない」という自覚をもつところがスタートになります。

　私自身、人の話をしっかりと聞けているとは思えません。多分、通常の会話で感じとれているのは相手の伝えたい意図の10%程度ではないかと思っています。

　ここで、とある本からの印象的な一節を引用します[※6]。

「聞くこと」は忘れられている

ほとんどの人は「自分は人の話を聞けている」と考えています。その一方で多くの人が「自分の話を本気で聞いてくれる人がいない」という孤独感をもって生きています。この二つの事実は矛盾しています。つまり、どちらかの認識が間違っているということです。ではどちらが間違いなのかというと、前者の「自分は人の話を聞けている」という方です。

　これは「私は子どものことを理解している」という誤認と通じるものがあります。自分の学級の子どもであろうと、他人である以上、理解できるはずがありません。

　大切なのは「わからないということがわかっている」という状態、古代の哲学者ソクラテスの言う「無知の知」です。

　「教師は人の話を聞けない」という前提をまずもちましょう。

自分の話の聞き方をヒントにしよう

　「教師は人の話を聞けない」となると、子どもに「聞く力」をつけることなど絶望的に思えますが、そんなことはありません。

　自分も聞けていない、聞くことは大変だとわかっているからこそ、子どもの立場にたって指導ができます。

　例えば、職員室での同僚に対する自分の話の聞き方はどうでしょうか。それは、子どもたち同士の話の聞き方に通じるものがあります。

　また、管理職など上の立場の人の話、あるいは職員会議での提案など、必ず聞かねばならない話を、どのように聞いているでしょうか。そこでの気づきは、普段教師が授業などで子どもに話を聞かせる困難さに対するヒントを与えてくれます。

　この5章では、教師自身が聞けない状況になる時、どうすればその状況を脱せるかという視点から、子どもの指導のよりよい在り方を提案していきます。「聞く力」を自分自身の視点から見直していきましょう。

※6：ケイト・マーフィー著、篠田真貴子監訳、松丸さとみ訳『LISTEN　知性豊かで創造力がある人になれる』日経BP、2021年。

2 子どもの話に とことん付きあおう

子どもの話は内容がわからなくても「聞く」を徹底

　子どもの話を聞くのも、教師の聞く力を鍛えるのに大いに役立ちます。特に1年生の話を真剣に聞くのは、かなりの洞察力が要求されます。

　「先生、あのね、昨日ね、夕飯の時にね、弟がご飯をこぼしててね、弟はまだ1歳なんだけど、かわいいの。それでね……」。もう、文法も何もあったものではなく、めちゃめちゃです。一体、何を伝えたいのか、必死になって話の核心を探し回った挙句、最後に彼ら彼女らは「じゃあね！」と満面の笑みで無情にも走り去っていきます。要は、聞いてもらいたいだけなのです。

　この時に何より大切なのは「聞く態度」です。笑顔で表情豊かに「そうなの!?」「すごい！」と反応しながら肯定的にひたすら聞きます。

　極論、内容がまったくわからなくても一切構いません。「一生懸命に聞いてもらえた」という経験が、子どもの心を育てます。そういう風に自分の話を聞いてもらえた子どもは、そういう風に人の話を聞く子どもに育つのです。子どもの「聞く心」（関心）、「聞く体」（態度）が育ちます。

　無意味に思えることも、実は子どもの心の中に有意義な種を撒いている貴重な時間なのです。

相談に乗る場合は否定しないで聞こう

　6年生が相手の場合、本当に内容まで含めて真剣に聞いていないと「先生、ちゃんと聞いてくれてますか!?」となります。1年生を相手にする時よりも「理解して聞くこと」が重要になります。

　しかし、**6年生が相手であっても、まずは共感することからです。**コミュニケーションの基本は共感です。共感は、賛成とは違います。**相手の言うことに対し、自分としては間違っていると思っていても、まずは聞いて受け止めるということです。**

　これは、子ども同士のコミュニケーションでもなかなかうまくいかないところです。子どもたちの授業中のやりとりをみていると、自分と違う意見だと否定して、攻撃してしまうということはないでしょうか。これを指導するには、教師が子どもに対して、否定しないで聞くということを体現しておくことが先です。

子どもとの雑談から情報を得よう

　子どもとの雑談なんて簡単、という人もいるかもしれません。実際、若い人ほどそうでしょう。「子どもと年齢が近い」＝「世代間ギャップが少ない」ということになるので当然です。ここについては、逆に年齢を重ねるに従い、少し難しくなる面があることは否めません。

　一方で、小中学生の子どもがいる教師だと、対応はしやすくなります。家の中でも情報収集できるからです。子どもの話を聞いて子どもの世界に触れるという機会を意図的に設けることが大切です。

　なぜならば、子どもほど現代に寄り添って生きている人たちはいないからです。例えば今の子どもはICTの恩恵も問題点もダイレクトに受けています。タブレットによる学習の利点も問題点も、ネットゲームの面白さも問題点も実感としてわかっているのは、大人よりも子どもです。

　子どもとの雑談は、文字通り雑に済ませていいものではありません。貴重な情報収集の場だと思って、聞く力をフルに発揮していきましょう。

3 学級懇談会では 保護者同士で話してもらう

懇談会では保護者の話す機会を増やす

　学級懇談会では、積極的に保護者の声を聞く場を設けましょう。そこでのイニシアチブをとるのは担任の仕事です。

　例えば、保護者同士の自己紹介の際**「お子さんのいいところを一緒に紹介してください」**と伝えます。そうすることで、こちらも子どもの情報を知ることができるうえに、保護者は我が子のいいところを聞いてもらえ、さらに保護者同士も互いの子どもを知ることができます。もちろん、話はすべて真剣に聞き、メモも取らせてもらいましょう。

　また、**小グループに分かれて保護者同士で雑談をしてもらう**ことも有効です。「子育てで疑問に思っていること」など簡単なテーマを提示すると、話しやすいでしょう。

　教師は各グループを回って話を聞かせてもらいます。聞き上手、盛り上げ上手な保護者から学ばせてもらいましょう。

担任がたくさん話さなくても OK！

　学級懇談会は、若手の教師にとって「一番緊張して苦手」という行事のトップにきます。「何を話したらいいかわからない」というその気持ちはよくわかります。

　しかも参加している保護者は複数で、こちらは担任という唯一の立場

です。席も前にならざるを得ません。懇談会で担任として「品定め」をされているようにも感じるかもしれません。「いいことを言わねば」と肩に力が入るのも仕方ないことです。

しかし、実際はそれほど高い関心をもって参加してくれている保護者ばかりではありません。どちらかというと、周りの保護者の様子を伺っている人の方が多いものです。

このような場で担任はどうしても「話す」に気持ちが集中してしまいがちですが、思い切って「聞き役」に徹しましょう。

実際に、保護者は他の保護者の意見を聞きたい、あるいは子育ての様子を知りたい、話したいと思っていることがかなりあるようです。家でしている教育が正しいのか、うちの子が特別に大変なのではないかという不安があるからです。

保護者との会話は一般社会との大切な接点

教師の仕事は子どもと接することが中心です。身近に接して付き合う社会人といっても教員同士のつながりになってしまうことが多く、どうしても世間が狭くなりがちです。

そんな中でも例外的に多様な職種や立場の社会人と日常的に会話する機会があります。それが、保護者との会話です。保護者には、さまざまなバックボーンをもち、教師の知らない世界を見ている人がたくさんいます。

これらの人々から話を聞くことができれば、「世間知らず」と言われがちな教師にとって有益な時間となります。

一方で、保護者との会話が苦手という教師が多いのも事実。特に若手の教師にとっては、保護者は一回り以上年上で、年齢的に見てもどうしても自分が下になってしまうので、尚更です。

しかし保護者との会話は、教師の聞く力だけでなく会話力自体を鍛えるのに最適な機会です。

学校生活の中で「話さざるを得ない」という機会が多いことをチャンスと捉えて、利用していきましょう。

4 個人面談では 「聞き役」に徹する

個人面談は家庭での様子を聞ける大きなチャンス

　個人面談は、いかに保護者から話を聞き出すかがすべてです。こちら
の言いたいことを伝える場だと思っている人もいるかもしれませんが、
それは半分以下でいいです。教師には家庭に発信する場がたくさんある
一方で、保護者の側にはそれがないからです。

　そこで個人面談では、**「保護者の話を徹底的に聞く」**という方針で臨
みます。「学校での普段の様子を伝えねば」と思うかもしれませんが、
保護者の話を聞く中で相手が何を聞きたいかがわかります。こちらが話
したいことを話すのではなく、相手の聞きたいことを話しましょう。

　「家ではどのような様子ですか？」などと保護者が話しやすい話題を
最初に振り、それに対して話してくれている最中、意識を相手に最大限
に向けて、徹底的に聞くようにしましょう。

個人面談では子どもの「よい面」を話し、聞き出す

　個人面談でついやってしまいがちな失敗が、保護者に要望を言ってし
まうことです。

　「忘れ物が多い」「○○ができないで困っている」といった「事実」を
提示し「ご家庭でこれをがんばってほしい」と要求してしまいます。

　これは明確に誤りです。他人の課題をあたかも自分の課題であるかの

102

ようにとらえています。困っているのは、教師ではなく、子ども本人と保護者のはずであり、それは相手の課題です。

　また、10分程度の短い個人面談の時間で「ダメ出し」をされれば、その印象だけが強く残ります。保護者からの不信感を買うことになり、結果的に自分はもちろん関わるすべての人にとってマイナスです。

　「聞く」を徹底していく中で、もしも保護者の方から「忘れ物が多くて家でも困っているのですが、どうしたらいいですか」と相談された時、初めて教師からも話していいことになります。

　基本は、子どもの「よい面」を話して気持ちよく帰ってもらうことが大切です。帰ってから子どもも褒められ、担任に対しても肯定的な気持ちを抱いてもらえて、関わるすべての人が幸せです。

　また、よい面だけを話すと決めると、自然と保護者から子どものよい面を聞き出すこともできます。そうすれば共感が生まれ、つながりを強くすることができます。

　これは聞く側の立場を徹底していればこそ可能なことです。たまに「先生が担任になってくれて、うちの子がとても喜んでいる」というような肯定的な情報を伝えてくれる保護者がいます。どんな気分になるでしょう。また、逆のことを言われたらどうでしょうか。

　徹底的に聞くことで、どう話すべきかも学ぶことができます。

苦情がきたときこそ聞く力を最大に発揮する場

　個人面談では苦情を言われることもあります。これは「ありがたい」ことです。気づかないことを気づかせてもらえる、改善のチャンスです。

　苦情を受けた際、絶対のNGワードがあります。「でも」「だって」に類する言葉です。言いたくなるのはわかりますが、それを言うことによって、こじれることは必至です。

　こちらが何か話したいことがあるとしても、相手が十分に話してからです。「聞く力」の修行の場ととらえ、しっかりと話を聞きましょう。

5 外に学びに出て 教師の聞く力を鍛えよう

よい話もそうでないのも学びになる

　セミナーなどに参加して学ぶことは、「聞く力」を鍛えるうえでメリットだらけです。

　講師の話が面白いという場合は、夢中になって話を聞けるはずです。「聞く心」「聞く頭」「聞く体」の３つが揃った状態を体感できます。どうすれば子どもの聞く力を育てられるかのヒントが得られるはずです。

　さらにいいのは、講師の話に興味がもてない時です。聞くのがかなり辛い状況になります。この時、「聞く頭」が空っぽになり「聞く心」はそっぽを向いている状態です。

　この場合、「寝てはいけない」とか「見られている」という状況であれば「聞く体」だけががんばっているという状態を体感できます。これは、かなり辛いはずです。ダウンして「寝そうになってしまう」という子どもの心理も理解できます。

　ここでさらに踏み込んで、「なぜこれほど聞くのが辛いのか」という分析を行いましょう。「話し方が眠りを誘う」「早口過ぎて聞き取れない」「聞いているのにそもそも内容が理解できない」といった問題点が浮き彫りになるはずです。

　そしてそれこそが、子どもたちが「聞く力」を発揮できない原因なのです。教える立場になった自分は、どこをどう改善していけばいいのか、自分自身の問題点が見えてきます。

問題点さえはっきりすれば半分解決したも同然とも言われるぐらいなので、この気づきはかなり大切です。

まずは外に出て、セミナーなどに参加してみましょう。

「進みつつある教師のみ人に教うる権利あり」

「教育公務員特例法」には、次の条文があります。

> 第4章
> （研修）
> 第21条　教育公務員は、その職責を遂行するために、絶えず研究と修養に努めなければならない。

ちなみに「研究」とは他者変容、「修養」とは自己変容と考えるとわかりやすいでしょう。

「子どもに聞く力をどうつけるか」は、対象が子どもなので「研究」です。

一方、「子どもに聞く力をつけようとする自分自身はどうあるべきか」というのは、対象が自分なので「修養」です。

教師は「研究」には熱心ですが、肝心の「修養」は疎かにしていることが多々あります。これでは車輪の片方だけで進もうとしているようなもので、同じ場所を堂々巡りすることになります。

「進みつつある教師のみ人に教うる権利あり」という言葉があります。これはドイツの教育学者ジェステルリッヒが、教師の学ぶ姿勢について諭した言葉として知られています。

教師は、学校の中に閉じこもっているばかりで、一般的な勉強をしないと言われます。

学ぶ子どもを育てるのが教師の任務です。子どもの誰よりも教師である自分自身が学んでいるでしょうか。学ぶことを何よりも楽しみにしているかが大切です。

6 同僚との雑談で仕事がスムーズに

同僚との雑談を大切にする

　同僚との会話は教師の聞く力と話す力の両方を鍛えるうえで大きな役割を果たします。特に、聞く力の方が数倍大切です。なぜなら、例えば同学年に5人の教師がいたとして、自分が1つ話して同僚も同じように1つずつ話すとすれば、5分の4は「聞く力」を使っている時間になるからです。

　また、普段の「雑談」が何より大切です。これは文字通りに雑にしてはいけない重要事項です。

　雑談ではない話というのは、用事の場合を指します。「明日の授業に代わりに入ってほしい」とか「この作業をお願いしたい」というような明確な目的のある話です。

　雑談はせずに用事がある時だけ話しかけるというのは、一見合理的ですが実は長い目で見て非能率的です。なぜならば、自然な助け合いが気持ちよくできる環境というのが、最も能率的な職場だからです。

　学校に限らず、仕事とは決して一人で行えるものではありません。普段話しかけないのに困った時だけ急に話しかけて頼みにくるという関係は、あまりいい関係とはいえません。普段からコミュニケーションが取れていれば、必要な時にも気持ちよく助け合えます。

　雑談は人間関係の潤滑油とも言われます。雑談は話す必然性がないので避ける人もいますが、それはとても勿体ないことです。同学年の同僚

だけでなく、事務職員や用務員、あるいは管理職の方々などに対しても、積極的に話しかけて雑談をするように心がけましょう。

愚痴こそ大切にしよう

　雑談には実用的な面も含まれます。それは、**雑談をよくする関係になればなるほど、本音を聞き出せる**という点です。このスキルは、当然子ども相手にも適用されるため、これを積極的に行って身につけていくことは学級づくりにおいても非常に有効です。

　特に、愚痴を聞いている中で悩みを聞き出しやすくなるというのは、雑談のもつ大切な機能です。同僚に愚痴を言える、悩みを話せるという環境はあるでしょうか。雑談の中にこそそれは出てきます。

　そのためには、とにかく普段から肯定的に話を聞くという姿勢が何よりも大切です。「聞く体」と「聞く心」です。興味関心をもって聞き、少しオーバーなぐらいの表現でそれが伝わる方がいいです。同僚との雑談で大笑いできるようなら最高です。

　「子どもの愚痴」は言わない方がいいということは、常識的に見て誰しもわかっています。しかしながら本音を言ってしまえば、教師だって子どもに対して腹が立つし悔しい思いもします。人間なのだから当然です。教師が大変な職業だということは、世間もある程度理解しています。

　そんな状況の中、愚痴の一つも言えないような職場では、息が詰まるのも当然です。同僚の口から、ついつい子どもに対する愚痴が出てきてしまっても、その辛い感情自体を否定しないで共感的に聞ける姿勢が大切です。

　これは、教室で言えば、子どもから「○○ちゃんがムカつく」あるいは「○○先生が嫌」などという愚痴や相談に対する場合と同じです。**気持ちの辛さ自体には共感しますが、一緒になって話されている相手を否定することはしません。**

　雑談も聞くスキルの一つだと思って、雑にしないようにしましょう。

電話対応で社会人としての基礎力アップ

学校の電話は社会常識を身につけるチャンス

電話は、聞く力を鍛えるのにはうってつけの場です。何といっても、「聞く」という音声以外の情報がまったくないからです。

また、学校で受ける電話は特別で、自分の携帯電話に出る時とはまったく違います。

職員室の電話が鳴って受話器をとった瞬間、電話口の先にいるのが誰なのかまったくわかりません。しかも、自分に用事がある訳ではなく、誰かに用事があってかかってくる電話がほとんどです。

電話が鳴る時点で「自分には多分関係ないから」「電話は苦手だから」と職場の電話に出ようとしない人がいますが、この姿勢は改めましょう。電話は聞く力を鍛えるだけでなく、社会常識をも身につけるチャンスなのです。

学校への電話の相手は、保護者を除くと外の社会で働いている人々です。学校に出入りしてあれこれ手配してくれる教材屋さんや、地域のスクールボランティアの方からということもあります。校長や教頭宛てに、教育委員会からかかってくることなどもしょっちゅうです。また、学校とは全然関係のない「マンションを買いませんか」などという飛び込みセールスであることもあります。

それら多種多様な人々と会話する貴重な機会が、学校にかかってくる電話です。教師の「聞く力」を鍛えるという目的において、これほどい

い場を利用しない手はありません。

電話が鳴ったら「チャンス」と考える

　何より大切なのは電話に積極的に出ることです。

　まずは聞く力どうこう以前の準備段階として、ワンコールなる前、電話が光った瞬間や少し音が鳴った瞬間に電話に出ると決意します。

　大抵の学校において、電話に出ることに関しては事務員さんが最速です。事務員さんに勝つのは至難の業ですが、大規模校であればそこまで努力しなくてもたくさん電話がかかってくるので大丈夫です。

　電話がきたら「チャンス！」と思って積極的に受話器をとりましょう。

子どもに敬語や常識を教えるためにも電話に出る

　国語の高学年の学習で、敬語を教えます。その中で謙譲語を教える際に「自分と身内は下げる」という原則を教えます。

　ここで、普段電話に出る習慣がないと、教えている教師の側が実際にはできていないということが起き得ます。

　まだ経験の浅い教師が電話でやってしまいがちな失敗が、保護者や外からの問い合わせに対し「校長先生はいらっしゃいません」というような誤った敬語の使用です。

　先の「身内は下げる」の原則に従えば、外から自分を含む学校を見た時、校長は同僚であり身内です。「校長はおりません」となりますが、「只今校長は席を外しております。後ほどこちらから折り返し連絡を差し上げる形でよろしいでしょうか」などと実用的な言い方を身につける必要があります。これすら、普段電話に出る習慣がないと、何年経っても「初任者」のままです。

　子どもに敬語を教えるためにも、電話には積極的に出ましょう。

8 忙しくても暇そうに見せるとよいことだらけ！

「先生って暇そうだね」を目指す

　教師の「聞く力」を伸ばすにあたり、子どもから見て「暇そうに見える」というのは、かなり重要です。暇そう＝気軽に話しかけやすい＝聞く機会が増える、という構造だからです。

　余裕があるように「見せられる」かどうかが勝負の分かれ目です。実際、そんな余裕なんて全然ないかもしれません。いつも授業の準備がありますし、授業中にやった小テストやドリルの丸つけやノートの点検だってさっさと終わらせたいというのが本音です。そう思っていたら急に職員室に電話で呼びだされたり、突然子どもが教室内で意味不明なんかを始めたりと、さまざまなことが同時多発的に起きます。

　しかしです。**たとえそのテストの丸付けを放課後に回してででも、暇そうにすることには大きなメリットがあります。**なぜならば、教室でこれを実践すると、子どもがひょいひょいと話しかけてくるからです。暇で手持ち無沙汰な子どもはもちろん、悩みを抱えている子どもも話しかけやすくなり、結果的に学級経営にもプラスを及ぼします。

　例えば、休み時間にのんびり子どもと話をしていると、「実は……」といじめにつながりかねない悩みを聞かせてくれることがよくあります。つまり、暇そうにしていたことにより、大きなトラブルを未然に防げるのです。他にもこういったメリットが数多くあるため、できる限り「暇そう」な状況を作りましょう。

さらには、子どもに「先生は暇そうだ」「楽しそうだ」と認識されることで、将来「先生になるのもいいかも」と思う子どもが増えることも期待できます。

　やり方はシンプルで、休み時間になったら椅子に座って水筒に入れた飲み物でも飲みながら、外を眺めて「いい天気だね」などと呟いてみるのです。明らかにのんびりしており、かなり話しかけやすい雰囲気が出ます。全力で暇そうに見える工夫と努力をしましょう。

職員室で暇そうにするのは波の様子を見て

　職員室でも、暇そうにしていれば雑談もしやすくなります。

　ただし職員室でこの「暇そうに見える」を演じすぎると、「○○さん、もしかして暇!?」と切羽詰まった表情の人が話しかけてきて、無用な仕事がどんどん舞い込んでくる可能性があるので、要注意です。あえて忙しい人を助けるためにすることはあっても、状況を見て行いましょう。また周りが忙しそうにしていたら、あまり暇そうにしすぎていると反感を買います。サーファーかヨット乗りになったつもりで波の様子をよく見て、流れに上手に乗ることが何よりも大切です。

　ただこの原則を、学校の副校長や教頭、教務主任といった立場の方々に求めるのは酷かもしれません。暇そうに見せること自体に無理があり、現実的に考えてかなり難しいでしょう。**たとえ管理職の先生がどんなに忙しそうでも用事があれば積極的に話しかけ、必要な報告をしましょう。**「いじめ案件があったのに忙しそうにしていて報告できなかった」「悩んでいたのに管理職に相談できなかった」というような事態は、後々余計にこれらの方々を忙しくさせることの原因になります。

　結局のところ、忙しくて大変で話を聞く時間がないのはみんな同じということです。だからこそ、日常の雑談を「雑事」とせず、必要な仕事の一部なのだというつもりで、積極的に話す、聞くということをしていきましょう。周囲とのコミュニケーションは教師の生命線です。聞く、聞いてもらうということを躊躇なくしていきましょう。

9 聞く力のフル活用で 職員会議の生産性が上がる

職員会議は教師の「聞く力」を鍛える最良の場

　教師にとって切実に「聞く力」及び「話す力」を発揮する必要のある場が、職員会議です。職員会議に私たちが出ている理由は、提案をよく聞いたうえで質問や発言をするためです。提案文書を読めば納得してわかることなら、そもそも職員会議への出席自体が必要ありません。そうでないはずだからこそ、わざわざ議論の場が設けられているのです。

　提案者はもちろん、質問者の発言にもよく耳を傾け、自分自身の聞く力と話す力を最大限に発揮しましょう。

　職員会議は、貴重な時間を割いて莫大な人件費をかけています。コストの計算式としては「時給換算した教員一人分の金額×人数分×時間」です。平均して一人あたりざっくり時給2,000円として、30人の職場で1時間の会議だとしたら、2,000 × 30 × 1 = 60,000。たったこれだけの時間で6万円です。職員が30人規模の学校の活動において、1時間にこれだけの金額が出してもらえることがあるでしょうか。だからこそ、職員会議という超ハイコストな場を、最大限に活用しましょう。

子どもに指導している「聞く力」の観点でセルフチェック

　自分自身の「聞く力」をチェックするには、子どもと同じ観点で見ればわかります。

まず「聞く頭」はどうでしょうか。提案や質問の内容を理解できていますか。さらに、それを聞いて自分なりの考えを新たに出すことができていますか。

　次に「聞く心」はどうでしょうか。まさか、いやいや参加していないでしょうか。提案内容に関心をもっていますか。自分が学校を支えている、よりよく変えていくという意欲があれば、自ずと参加への気持ちも前のめりになるものです。

　「聞く体」はどうでしょうか。ずっと文書を見て俯いたままではないでしょうか。きちんと提案者や発言者を見て頷いたり相づちをうったりして反応していますか。姿勢はどうでしょうか。猫背で今にも居眠りしそうな姿勢になっていませんか。子どもが授業中に同じことをしていたら大丈夫ですか。

　そして何より、自ら手を挙げて質問や意見をしていますか。一生懸命に聞いて、どんなに素晴らしいアイデアが浮かんでも、会議中にそれをアウトプットしなければまったく価値がないのです。せっかく貴重な時間を割いて参加しているのですから、何かしらの発言ができるように、全力で聞いて考えて参加しましょう。

　これは、私たち教師が子どもに指導していることとまったく同じです。

教師自身の「聞く力」を鍛える必要がある

　ここまで読んで、「自分はだめだ」と感じた人が多くいるかと思います。決してだめではありません。できていなくて、普通です。聞く力が十分にあるということは、かなり稀なことなのです。そこに気づくことが、子どもに「聞く力」を指導する第一歩になります。

　つまり、私たちは子どもに普段からかなり難しいことを要求して指導しているということです。「子どもの聞く力がつかない」と悩んでいる人が多くいて、このような書籍が出ることも至極当然といえます。

　職員会議などの各種会議は、自分自身を鍛える場だと思って、120％活用していきましょう。ゆっくり一歩ずつでも、歩けば前進します。

10 家族との会話でも大事な「聞く力」

身近な人の話ほど聞けていないと自覚しよう

「身近な人たちの中で、一番話を聞いてくれるのは誰ですか」と尋ねると、大抵「友人」がトップにきます。ここが「家族」ではないのがポイントです。話を聞いてくれる相手だからこそ、友人としてつながることができているとも言えるかもしれません。（ただし、学校や仕事上の悩みの相談をする相手の場合は「家族」がトップになります。）

逆に**「一番話が通じない、聞いてくれていないと感じるのは誰ですか」と尋ねたら、NO. 1に挙がってきてしまうのが、パートナーや親など最も身近な人たちです。**ちなみに次点と挙がってくるのが、会社の上司です。

「聞いてくれない人」の共通点があります。「話を一応聞いてくれているのだけど、なぜか聞いてくれていないように感じる」という点です。

さらにこの「聞いてくれていない」の内訳も、両極に分かれます。

一方の言い分は、「ただ話を聞いてほしいだけなのに、その悩みに寄り添うのではなくアドバイスをされてしまって不満、あるいは不快だ」というもの。

他方は「こちらのアドバイスを無視して、関係のない、中身のない話を延々と繰り返し聞かされる」「話していても話があちこちに散らかって、要点がわからず会話にならない」というもの。

両者とも相手の話を一生懸命に聞いているにも関わらず、相手の考え

114

が理解できないのです。

　この「私たちは身近な人の話ほどきちんと聞けていない」という前提を自覚することが「聞く」ためのスタートラインになります。

身近な人の話はひたすら聞くのが正解と心得る

　この会話のすれ違いが最も起こりやすいのが、夫婦間です。これは紀元前から続く問題で、人類の習性といっても過言ではありません。

　また親子間も同様です。その原因は、ずばり世代間ギャップです。生きている時代背景がまったく違うために、ものの見方や価値観がまったく異なります。特に子どもが思春期を過ぎるとお互いが異星人にしか見えず、会話もすれ違いが多数生じます。特に父親と娘との間では、放っておくと言語すらも通じなくなる可能性が否めません。

　身近な人の話を聞く場合の心得は、ひたすら全身で聞く。これだけです。「聞く力の３要素」で言えば、「聞く体」（態度）である姿勢をフル動員します。

　「聞く心」（関心）があればなおよろしいですが、共感しすぎて自分も嫌な気持になったり悲しくなったりしては仕方ないので、無理はいけません。適度にします。

　愚痴にはアドバイスが一切いりませんから「聞く頭」（理解）はお休みさせます。ただ頷いて共感する姿勢を示します。「大変だよね」「がんばっているね」という気持ちさえ伝わればいいのです。家族など身近な人との日常会話こそ「聞く体」の在り方の最大のトレーニングです。

「聞く心」のセンサーで聞き方を見極める

　「悩み相談」の場合は注意しましょう。例えば子どもが学校の勉強のことや進路のことで真剣にアドバイスを求めて相談しているのならば「聞く頭」をフル稼働する必要があります。相手の気持ちを推し量って聞くというセンサーである「聞く心」のアンテナは常に立てておきましょう。

馬耳東風の子ども時代

　私は、子どもの頃から「集中力のある子ども」でした。一見よいことのように思えますが、「いったん自分の世界に入ってしまうと周りの声が聞こえない」という困った面もありました。

　例えば、好きなテレビアニメを見ていれば、まったく他の音が聞こえない。かなりの至近距離で何度も声をかけているにも関わらず、まったく反応しないので、えらく困ったと、夏休みに毎度私を預かっていた祖父母が話していたのを思い出します。

　こんなこともありました。マンガを読んでいると、これまたまったく音が聞こえない。正確には、音声として耳に入っているのにも関わらず、脳が適当に処理してしまうという驚異の特技を持っていました。テレビの場合と違うのは、母親が階下から「晩ご飯よー。下りてきなさーい」と呼ぶと「はーい」としっかりと返事をしている。しかし、本人は返事をした自覚がまったくない。ずっと後になってマンガを無事読み終えて下りてきて「晩ご飯まだ？」と尋ねるという、意味不明な行動をとっていたようです。

　また、このような悩みもあります。周りの音や光に邪魔されて会話に集中することができないのです。時折、食事時にテレビがついている場合があります。「シアター付き」のバーなどもありますが、あれもいけません。テレビの光と音声に無意識的に引っ張られ、会話がかなり疎かになります。派手な色と音声が飛び交うバラエティ番組は最悪です。意識をもっていかれてしまい、コントロールができません。

　子どもたちの中にも、私のようなタイプの子どもがいるはずです。もう、その世界に入ると、なかなか出てこられないのです。「聞く」以前のこういった問題があると知っているだけでも、読者の皆さんのお役に立つかもしれないと思い、紹介してみた次第です。

おわりに

　いかがだったでしょうか。私は本を読む際、先に「おわりに」から読む人間なので、そういう読者も想定してこれを書いています。そして、先に「おわりに」から読むという本へのアプローチの仕方は、「聞く力」と関係があると考えています。

　「聞く」という行為に集中する際、二つの方向性があります。

　一つは、「聞く」自体が目的の場合です。例えば、家族や友人との他愛のないおしゃべりです。この際、「聞く」の先には目的をもちません。よって、今この瞬間にただ集中し、楽しみさえすればいいのです。

　もう一つは、「何かを得る」ための「聞く」行為です。これは「聞く」の先にゴール（目的）があります。聞いて何かしらのアクションを起こす必要があるものです。学校で子どもたちに求められる「聞く力」は、ほとんどがこちらになります。日常の指示を聞く行為はもちろん、リスニングテストなどはその最たるものです。

　本書を読まれた皆さんは、これを目的があって読んだはずです。ただ読み物として楽しむために読んだ、という人はほとんどいないでしょう。終わりやゴール、目的を意識して聞く、というのは意図的な行為であるといえるのです。

　「聞く力」をつけるというのも、そういうことです。漫然と楽しく過ごしていても、決して身につかない力なのです。
　これは、私の師である野口芳宏先生が常々仰っていることですが、教育とは「自然を自然のままにしておかないこと」です。例えば庭の手入れを怠り放置していては、雑草が伸び放題になり、荒れていきます。つまり「不自然」を求めるのですから、少しの無理と努力が必要になりま

す。子どもが話を聞けるようになるには、意図的な指導の積み重ねが必須です。

　ちなみに「『聞く力』が学力の根本である」というのは、師の野口芳宏先生の言葉です。私はこの言葉に若い頃に触れていたおかげで、「聞く力」についてはかなり力を入れて意図的な指導を続けてきたといえます。

　つまりは「知識」の差なのです。それに触れるきっかけとなる「情熱」は前提として必要ですが、知識や技能がなくては、指導は成り立ちません。本書を読んでいただくことで、特に知識や技能不足で悩む若い先生方の力になれたら幸いです。

　さて、ここまでわかった風に書いていますが、原稿を書いていく中で自分自身の在り方をも振り返ることになりました。そして自分にもいまだに「聞く力」が足りていないと痛切に感じました。

　そこで担当編集者の久保さんにわがままを言って、最初の章立てを大幅変更して加えたのが5章です。1～4章とはまったく異なる視点からのアプローチとなっています。読み物としての興味が強い方は、まず5章から読み始めるのもオススメです。

　本書の執筆中、温かく見守ってくださった担当編集者の久保さんや制作の太田さんをはじめ、学陽書房の編集部の皆様へ、このような本を書かせていただくという、素晴らしい機会をいただけたこと、心より御礼申し上げます。

　最後に、本書を最後まで読んでくださった読者の方々に深く御礼申し上げます。ありがとうございました。

2023年7月吉日
松尾英明

●著者紹介

松尾英明（まつお　ひであき）

千葉県公立小学校教員。

「自治的学級づくり」を中心テーマに千葉大学教育学部附属小学校等を経て研究し、現職。

単行本や雑誌の執筆の他、全国で教員や保護者に向けたセミナーや研修会講師、講話等を行っている。学級づくり修養会「HOPE」主宰。メルマガ「二十代で身に付けたい！　教育観と仕事術」を発行。

著書に『新任3年目までに知っておきたい　ピンチがチャンスになる「切り返し」の技術』、『お年頃の高学年に効く！　こんな時とっさ！のうまい対応』、『スルー？ or リアクション？　指導の本質を「見抜く」技術』、『1人1台端末で起こるクラスの ICT トラブルへの予防と対応』（以上、明治図書出版）、『不親切教師のススメ』（さくら社）等多数。

学級経営がラクになる！
聞き上手なクラスのつくり方

2023年8月17日　初版発行

著　者　　松尾英明

発行者　　佐久間重嘉

発行所　　学 陽 書 房

〒 102-0072　東京都千代田区飯田橋1-9-3
営業部／電話03-3261-1111　FAX 03-5211-3300
編集部／電話03-3261-1112
http://www.gakuyo.co.jp/

イラスト／尾代ゆうこ
ブックデザイン／スタジオダンク
DTP 制作・印刷／精文堂印刷
製本／東京美術紙工

好評の既刊！

困難な現場を生き抜く！
やんちゃな子がいるクラスのまとめかた

野中信行　著

A5判・並製・144ページ　定価1980円（10％税込）

クラスのやんちゃな子への対応方法がよくわかる！　子供の
気持ちに共感する・良いところをほめる・必要な場面できち
んと叱るなど、適切な対応の引き出しが身につく本！